자화상
stay calm keep reading
2019
39cm × 54cm

불안해서 그립니다

글과그림 황윤경

[그리는] 사람

prologue

불안,
입맞춤할 만큼
가까운

정확하고도 신비로운 아침 빛이 망막에 어린다. 공중에 갇혀 있던 물이 제약을 풀고 수직 낙하할 때 세계가 열렬히 반응하듯, 막 깨어난 내 귀도 우선적으로 빗소리를 듣는다. 비가 내리는군요. 제게 또 하루를 주셨군요. 관대한 처분을 바랍니다.

쉽게 잠들지 못하고 자는 동안에도 한두 번은 깨는, 달갑지 않은 수면 습관을 갖게 된 지가 꽤 되었다. 이런 아침에는 정신이 온전히 깨끗하게 깨어나길 기다리기보다 허청거리면서라도 일어나서 우당탕퉁탕 개수대의 설거지거리라도 처치하는 편이 낫지. 몸이 깨어나고 차츰, 바닥도 하늘도 아닌 허공에 무연하게 걸려 있던 정신이 부지불식간에 제자리를 찾기를 기대하는 편이.

'기본이 불안'이라는 것은 아침에 깨어날 때의 상태를 보면 안다. 하루를 리셋할 때의 감정이 낮은 허공에 걸려 있는, 분명하지 않은, 잘못된 일과 잘못되어 갈 일의 리스트를 읽어 내려가는 것이라니!

우리 아빠. 팔십 평생 군살 없이 똥배 없이, 말에도 몸뚱이에도 겉치레 하나 없었던 분. 어쩌면 그럴 수 있을까 싶게, 나는 가노라 말도 못할 정도로 짧게 앓은 후 하늘나라로 갔다. 2019년 새해에. 그해 여름에는 스물세 살 큰아들이 취직을 해 집을 떠났다. 무려 베트남으로. 군대도 다녀오고 대학원도 마치고 밥벌이를 하려면 서른 살까지는 끼고 살 줄 알았는데. 아버지 일도 자식 일도 따져 보면 어차피 누구에게나 일어날 일. 잘된 일이라느니 잘못되었다느니 따질 것도 없는. 나 한 사람에게나 급작스러운 전개였을 뿐. 상실감이라고 미처 실감하지도 못하고 어리둥절한 채로 시간을 보냈다.

바닷가 모래 위의 물살만큼이나 빠르게 수선스럽게 흩어져 버리는 생각들. 그 와중에 진화에 관한 책을 읽었는데, 인간이라는 종은 그 심리가 '불안이 기본값'이라는 구절이 콕 박혔다. 불안이 기본이라고라. 적잖이 위로가 되었다. 그러게, '나'만 불안하고, '지금'만 불안한 시절이 아니로구나.
나는 그림을 공부한 사람도 아니고, 그림을 그려 무엇을 하겠다는 생각도 일절 없던 사람이다. 어쩌다 보니 오십 가까이 되어 무엇인가를 그리게 되었고 (지인들도 나 자신도 놀랐다!) 그즈음 시작한 페이스북에 놀이 삼아 (물론) 잘 그리지도 못한 그림을, 올려 버릇했다. 과시욕에 애정결핍이 있는 편이라 포스팅을 안 했으면 꾸준히 지속하지 못했을 거고, 그림 그리는 즐거움, 더 나아가서 뭔가 나아지고 있다는, 자라나고 있다는 기쁨의 세계를 알지 못했을 것이다. 기도를 하고, 물을 한 잔 마시고, 도마에 칼질을 하고, 실없는 농담을 하고, 다른 사람을 당황하게 만들지 않을 만큼 짧게 울기도 하고(아, 우는 거 아냐, 하품했어! 히히히). 그런 마음으로 그림을 그렸다.

특별한 결심을 한 것은 아니다. 무엇에라도 마음을 실어서 불안을 살아 내야 할 때 나는 그림이라는 탈 것을 선택한 셈이다. 시간이 얼굴을 바꾸어 놓듯이 습관은 인생의 얼굴을 바꾸어 놓는다고 버지니아 울프가 말했는데, 내게 뒤늦게 생긴 그림 그리는 '습관'이 원래 타고난 쉽게 행복해지는 '소질'과 잘 맞는 것이 아닌가 싶다. 어허, 다행일세. 하아, 끝까지 잘될지 모르겠어.

요지는, 크게 출렁인 '중년'이라는 시기에 불안이라는 이름의 친구가 찾아와 돌아갈 줄을 모른다는 것. 체념하고 계속 같이 놀기로 했다. 우연히 그림을 시작했고, 그림을 그리면서 놀았을 때 이 친구가 순해지는 걸 알게 되었다. 의논도 할 수 있고 낄낄대며 놀릴 수도 있는, 그러니까, 친구. 나와 불안 사이에 진짜 우정이 생겼는데 알고 보니 꽤 오래 지속된 사이였던 것이다.

황금빛 포옹
2019
40cm x 50cm

같은 모티브로 지금까지 세 점을 그렸다. 언니 동생같이 크고
작은 두 사람이 꼭 껴안고 있는 그림. 이철수의 목판화1983가
오래전부터 (즉, 내가 직접 그림 그리기 전부터) 집에 있었는데
물끄러미 보다가 그리기 시작했다. 이 모티브로 세 번이나
그렸는데, 이 그림은 두 번째이고 앞으로도 더 그릴 것 같다.
무엇보다 그림은 그리는 동안의 나를 위한 것. 안기고 싶고 안고
싶은 마음일 때 이 그림을 그렸는데 실제로 그리는 동안 그런
효과가 있었다. 그러니 계속 더 그릴 수밖에. 포옹의 효과가
보이는지(?) 이 그림(들)은 남들도 좋아한다. 모두 남에게 주거나
팔았다. 그러니 더 그릴 수밖에. 하하하.

춤추는 조운이
2021
38cm x 54cm

큰아이.

보고 싶어 꿈에 자주 나왔다.

contents

prologue
불안, 입맞춤할 만큼 가까운   4

epilogue
물은 어느새 포도주로 변해 있었다   284

---

chapter 1.

말에 관하여

대화 : 오고 가는 말들의 풍경화
- 34 외국어 쓰는 버릇
- 38 그 말을 하지 말 걸

나쁜 말들의 세계 : 욕과 뒷담화
- 45 부끄럽지만 시원한
- 49 뒷담화
- 63 기어이 해 버린 말

수사법은 중요해
- 78 뻔한 말을 싫어하는 편이지만
- 80 뻔한 말을 뻔하지 않게
- 82 장광설

자랑
- 102 첫째는 여행 둘째는 그림

chapter 2.

변해 갑니다 :
갱년기, 가을날의
사색

밸런스가 문제다 – 요리와 요가
175

몸과 마음은 화합하라!
– 할 수 있어도 안 하는 경지
185

194 얼굴

산악인의 얼굴 – 넘겨짚기
207

최강 동안 – 이선희와 이정희
212

이빨 이야기
223

배우자에게 배우자
236

인터뷰 – 한 여자를 이해해 가는
과정에 대하여
248

우정에 대하여
264

chapter 1.

말에

관하여

봄의 예감이 이렇게 즐거운 이유. 해 있는 시간이 길어지기 때문이다. 노화로 눈이 침침해져서 읽고 쓰는 일이 힘겹다. 나는 쉰여섯 살. 쉽게 피로해진다. '해 있을 때 하자' 하고 퇴각할 수밖에 없을 때가 잦은데, '해 있을 때'가 점점 늘어나는 건 복리이자가 붙은 예금통장처럼 든든할 수밖에.

사실 그림을 그릴 때가 읽고 쓸 때보다 빛의 영향을 더 받지만 그림을 그릴 때 나는 변명하고 퇴각하지 않는다. 더 할 수 없으면 그만한다. 그냥. 지금의 나는 그림 그리는 일이 다른 무엇보다 좋고, 계획이나 준비 운동 같은 것도 필요 없다. 생각나면 바로 한다. 이 감각이 바로 현재에 충실한 느낌이로구나, 깨닫는다.

부드러운 어둠이 창밖을 푸르게 물들이고 있다.

막 저녁이 도착했다. 언제 이렇게 시간이 흘러갔을까. 나는 쉰 중반의 중년이 되었고, 이미 너무 많은 말을 했고, 지금도 하고 있는 중이다.

불안은 말䯻을 타고 왔다. 머릿속에서 말할 줄 아는 작은 새가 끊임없이 지저귀고 있는 것 같다. 왜 생각을 어수선하게 말로 하고 있는 거지? 아인슈타인은 자신의 생각 중 말로 표현할 수 있는 것은 1퍼센트도 되지 않는다고 했는데, 내가 천재가 아니라서 그런 건가?

다행히 나는 요즘 그림을 그릴 수 있다. 잘 그리고 못 그리는 것은 중요하지 않다. 머릿속의 지저귀는 새에게 '닥쳐!'라고 할 수 있어서 기쁠 뿐.

내가 쓰는 말을 보면 나라는 사람이 보이고 타인과 나누는 대화를 보면 관계의 양상이 드러난다. 나, 그리고 내가 맺고 있는 관계. 이것이 바로 나의 세상이고, 머릿속 작은 새가 알고 싶어 하며, 끝도 없이 염려하여 지저귀는 대상이 아닌가? 그리하여 말에 관해 조금 말해 보려고.

남이섬 공작새
2019
40cm x 54cm

오랜만에 남이섬을 찾았을 때 덩치 큰 공작새가 노천카페 근처에서 어슬렁거리고 있어서 좀 놀랐다. 둘러보니 미술관 지붕 위에도 나무 아래 그늘에도 지천으로, 까치나 까마귀처럼. 공작새 고유의 색깔대로 푸른빛인 것, 그리고 흰색인 것. 초록이 많은 섬 안에서는 흰 놈들이 유독 우아하게 도드라져 보였고.

크고 화려한 새. 그러나 날지 못하는 새가 섬에 있다.

자유로이 풀어 놓았으나 새는 섬을 벗어날 수 없다.

섬은 동화같이 꾸며져 있고.

여기서 상상은 무럭무럭. 배경이 된 짙은 숲을 시원하게 칠하고 붉은 동백을 탐스럽게 오려 붙였다. 대조적으로 여인의 도마뱀 머리칼과 물고기 소매는 최대한 섬세하게 그리느라 초집중. 몰입의 느낌이 새로웠다.

다이빙하는 소녀와 고양이
2020
39cm x 54cm

이 그림은 허환 선생님 사진에서 영감을 받아 그렸다.

거침없이 바다로 뛰어드는 크로아티아 소녀와 선생이 사랑해서

페이스북에 자주 올리는 고양이 사진을 함께 그렸다.

코로나와 별 상관 없어 보이는 활기가 너무 부러워서.

날렵함과 초연함, 반짝이는 햇빛.

불안의 시절에 원하는 모든 것!

어청도의 새들
2020
46cm x 62cm

어청도는 서해, 군산에서 뱃길로 2시간 반, 고군산열도
최서단의 섬이다. 이 작고 외딴섬이 동남아나 남중국에서
겨울을 보낸 철새들이 쉬어 가는 기항지로 유명세를 탄단다.
봄날에 헤아릴 수 없이 많은 새들이 지친 날개를 쉬어 가는
모습이 장관을 이룬다고.
험한 시절에 험한 바닷길을 주저 없이 날아서 도착한 새들의
모습을 신문에서 보는데 눈물이 차오르며 직접 보고 싶은
마음이 간절했다. 남쪽 먼 나라에서 일하는 아이가 아프다는
소식에 어서 날아오렴, 소망이 투영되어서 더욱 그랬을 거다.
사람은 하늘길이 막혀 생이별인데 작은 새들은 바람과 어둠을
뚫고 이 먼 길을 왔구나, 애틋한 마음을 걷잡을 수 없었다.
진홍 가슴새, 후투티, 딱새, 매 (얘는 텃새). 새들을 조심조심
그렸다. 다 그려 놓고 보니 그림 분위기, 전체 그림 분위기,
애틋하기보다 박력 있고 씩씩하기만. 뜻대로 되지 않는
내 그림이 나는 (나만) 좋다. 나는 '모르오' 하고 인정하고
시작하는 일.

얼음 까마귀
2020
62cm × 46cm

큰 까마귀
2020
46cm x 62cm

2절 스케치북의 뒤표지, 합판 같은 종이에 검정으로 밑칠을 하다가, 그냥 검정만으로 그려 봐야지, 하다 보니 큰 까마귀를 그렸다.

웅크린 소녀
2019
32cm x 48cm

'우울증' 기사에 실린 삽화를 참고해 그렸다. 을지로 인쇄소 주변을 돌아다니다 주워 온 종이에 오려 붙였다. 사람도 여럿 담을만한 큰 쓰레기 봉지에 들어 있던 종이. 몽골소녀와 몇몇 소녀 시리즈도 마찬가지. 쓰레기와 작품의 차이는 새삼 느끼지만 '한 끗'이다. 소위 내 '작품'의 운명도 마찬가지다.

새들
2020
32cm × 58cm

으아아아, 새처럼 자유롭고 싶어! 중력을 거스르고 싶어!
저 아래 뭘 많이 꿍쳐 놓는 것들을 비웃고 싶어!
그래, 이거야. 자유롭게, 거스르고, 비웃고 싶어!

32

밤바다를 날아가는 매
2021
56cm × 42cm

대화 :
오고 가는 말들의
풍경화

**외국어 쓰는
버릇**

말을 아껴라, 말조심해라, 그런 말씀은 현명한 사람들이 하는 게 아니고 자기만 말하려고, 최소한 자기가 더 말하려고 하는 사람이 하는 말 같다.

이제 하나같이 나이가 든 나의 수다쟁이 친구들은 요즘, "말하려던 것을 까먹을까 봐"라는 당당한 핑계를 대면서 '잠깐, 잠깐만!'이라고 외치며 남의 말을 끊거나 "내 말 아직 안 끝났는데"라며 이미 주의가 산만해지기 시작한 좌중을 속절없이 환기한다. 나도 그런다. 사실 수다쟁이 친구들 중 가장 강력한 '이빨'일 때도 잦다. 으, 싫어라.

친구들 간의 대화는 긴요한 무슨 안건이 있어서라기보다는 대화 자체의 즐거움을 위해서인 경우가 대부분. 애초에 함께 이야기하면 즐거운 사람을 우리는 친구로 삼으니까. 그렇다면 이야기가 즐거워야 할 텐데. 뭐 좀 즐겁기도 하지만 점점 더 '에너지 컨슈밍'이라고 느껴질 때가 흔해진다. 한참 말하다가 급격히 피곤해져서 집에 가서 혼자 드러눕고 싶어진다거나, 뭘 좀 찾아 먹어야겠다는 생각이 들어 버리니까. '에너지 컨슈밍'이라고 한 데서도 눈치챘겠지만 나는 이야기할 때 외국어를 많이 섞어 쓰는 편이다.

영화 프로듀서를 하던 시절에는 어렵게 투자사 대표와 미팅을 잡아 프리젠테이션 비슷한 대화를 해야 할 때가 종종 있었다. 어느 날, 만들고자 하는 작품에 대해 여느 때처럼 사자후를 토하고 나서 '이보다 가치 있는 투자는 없다'라는 사실을 잘 설명했다는 나른한 만족감에 차 있을 때 경청하던 이가 입을 열었다.

부연 설명을 요구하려나 하고 딱 대기하는데, 대신 그는 정말 궁금하다는 표정을 지으며 "그런데 왜 그렇게 외국어를 많이 써요?"라고 물었다. (땀 흘리는 이모티콘을 여기 쓰고 싶어지는데) 실은 별말도 아니었을 것이다. '판타스틱'이라든지 '그레이트' 같은 형용사들을 신들린 것처럼, 압력밥솥의 증기처럼 씩씩 엄청나게 뿜어냈겠지(그때 결국, '굉장히 열정적인

PD다, 인상적인 PT였다'라는 칭찬은 들었는데 투자는 못 받았다. 꽥!). 나는 왜 외국어를 이렇게 많이 쓰는 거지? '투 머치' 아냐? 곰곰이 생각해 보니 상황은 크게 두 가지 경우로 구분된다. 첫째, 어디서 주워들었는데 그럴 듯했던 말을 얼른 써 보고 싶어서. 그리고 둘째, 이 말(외국어 단어)이 아니면 바로 지금 내가 지칭하려는 그 대상을 콕 집어 설명할 수 없다는 확신이 매우 매우 강해서.

꽤 오래전 아칸소주Arkansas에서 온 20대 초반 미국 청년에게 영어 교습을 받은 적이 있다. 그만할 때가 되어서 작별 인사로 한번 잘 대접해야지 싶었다. 교습생 동료인 몇몇 동네 아주머니들과 함께 그즈음 목동에서 유명했던 '델쿠마라'에 갔다.

광활한 실내, 여기를 봐도 저기를 봐도 컬러풀한 해산물 재료들과 산해진미의 향연! 사람들이 길게 줄 서 있는 조리 코너마다 혼이 달아난 표정의 요리사가 황급히 재료를 데워, 음식 많이 먹기 대회 선수 같은 손님들에게 넘겨주는 광경이 펼쳐지는 곳이었다. 사방이 온통 시끌시끌 '삐까번쩍'.

마음에 드냐고 물었더니 '음, 리틀 오버웰밍little overwhelmng'이라고 답했다. 오버웰밍? 압도적? 그러니까 좋긴 한데 정신 사납고 약간 주눅 들었다는 말씀? 그렇군. 이후에 오버웰밍은 내가 자주 쓰는 말이 되었다.

나는, 촌놈 같은 기분으로 '여긴 좀 아니네, 여긴 내가 속한 곳이 아니라 편하진 않아, 그래도 좋긴 하군'이라고 느끼는 때가 많은 사람이었던 것이다. 때로는 압도되는 기분을 즐기러 낯설고 새로운 곳으로 나서는 유형.

듣는 사람이 잘 알아듣느냐의 여부는 둘째 치고 일단 내가 느낀 감정이나 상황 판단을 전달하고 싶다는 욕구가 훌쩍 앞서 나간다는 것은 전형적으로 유아적이다. 어린아이가 뭔가를 배울 때 나타나는 현상 아닌가. 그러니까 앞으로 저와 이야기할 때 주절주절 외국어를 쓰고 있으면, 아니면 외국어나 다름없는 관념어를 쓰고 있으면 마냥 재수 없다, 하지 말고 의외로 천진한 구석이 있네, 하고 생각해 주시기 바랍니다!

나는 일제의 감옥에서 병을 얻어 스물아홉 살 청춘에 돌아가신 친할아버지의 '리거시legacy'에 진심으로 자부심을 느끼는 독립유공자 후손이다. 할아버지 맷값(돌아가신 우리 할머니 표현)으로 덕수궁, 경복궁, 국립미술관에 무료로 들어가고 있고요. 그러니 외국어 남발이 애국심이 없어서가 아닙니다. 참, 이 경우에 '리거시'는 꼭 써야만 하는 말이지만 '프라이드'는 안 돼요, 반드시 '자부심'이어야만 해요. 이유는 몰라도 그래야 개운하답니다!

그 말을
하지 말 걸

아니면 이 말을 해 주어야 했는데, 라는 생각이 맴돌 때가 있다. 누군가와 오랜만에 만나 시간을 보낸 후 조금 서걱거리는 마음으로 막 헤어졌을 때, 속절없게도 주고받은 말을 복기해 보는 것이다. 내가 한 말이 마음에 걸려서.
그건 참 부질없는 일인데.
'사랑에 대해 생각하지 말고 제발 사랑을 하라고!' 짝사랑 전문가들이 들을 만한 이 말이 지당하다면 '말에 대해 생각하지 말고 말을 하라'도 맞다. 이건 그냥 생각 없이 말하라는, 신중하지 못한 말을 쓰레기처럼 흩뿌리라는 것이 아니라 '말' 자체, 그러니까 어떻게 말을 할까 공들이는 일이 퍽이나 부질없는 노릇이라는 의미에서다.
그런 적 있지 않나? 생각이나 느낌이 말이 되어 나온 뒤, 그 어감에 스스로 화들짝 놀라게 되는 상태.

말이라는 물리적 (소리가 날아가 상대의 고막을 울리고 그의 심장에 닿는다!), 화학적 (나의 말이 그의 말과 만나 우리의 기억이라는 전혀 다른 원소가 된다!) 현상은 신비롭다.

그 효과는 발화되기 전에는, 대화로 실현되기 전에는, 모르는 것이다. 먹어 보기 전에는 맛을 알 수 없듯이. 우정도 음식과 같아서 직접 숟가락을 들어서 맛보는 행위가 필요하다. 입을 열고 말을 나누어야지. 노상 말없이 오가는 사랑과 우정? 그럴 리가. 말솜씨의 문제가 아니라니까.

그러니 말을 해. 우리 말로 합시다. 매사 말로 때우라는 말이 아니라는 것 쯤은 굳이 말 하지 않아도 아시겠죠.

목포 캣츠
2020
32cm × 47cm

목포의 멋쟁이 카페 '손소영 갤러리'에 들렀다가 엄청나게 사랑받는 그 집 고양이 '아가씨'와 '냉이'를 만났다. 깍쟁이 같고 도도해 보였다. 한마디로 고양이 같았다.

피로연의 대화   토끼, 산양, 새들
2020   2021
39cm × 52cm   56cm × 42cm

턱시도 고양이와 까치
2021
56cm x 42cm

목동 주공아파트 4단지에는 까맣고 하얀 털
색깔 때문에 '턱시도'라고 불리는 고양이와 똑같은 색깔의
까치가 사이좋게 지내고 있다.

나쁜 말들의 세계 :
욕과 뒷담화

부끄럽지만

시원한

사람이 옳은 생각, 좋은 느낌만 가지고 살 수는 없어서 나쁜 말이 나온다. 나는 사람들 앞에서 욕을 하는 타입은 아닌데 혼자 뭔가를 할 때는 두 자리 숫자로 된 그 말을 자주 뱉는다. 18.

뭔가를 할 때?

그렇다. 아주 다채로운 경우의 무언가를 할 때.

가뜩이나 부주의하고 공간 감각이 약한 자가 성질까지 급할 때는, 일단 혼자서 여기저기 부딪히고, 떨어뜨리고, 망가뜨리고, 삐져 나가고, 놓치고, 이런 게 부지기수. 실수함과 동시에 힘차게 18! (이후에는 데크레셴도로) 일팔일팔. 2016년 TV 뉴스에서 최순실을 욕하는 청소노동자 아주머니의 일갈을 본 뒤로는 옘병! 옘병은 한 번만. 나직하고 명확하게. 내 기억으로는 두 번, 다른 사람이 듣게 큰 소리로 나도 모르게 욕을 했다. 한번은 일하는 도중, 촬영장에서였다(나는 영화 프로듀서로 오랫동안 일했다). 현장은 항상 예기치 않은 일이 벌어지는 곳이라 긴장을 놓을 수 없어 심신이 힘들다. 게다가 그때는 밤샘이 이어지는 일정에, 혹한기 촬영을 하고 있었다. 로케이션 장소는 철거가 예정되어 있던 부산 삼일극장.

정해진 기한 내에 찍고 빠져야 하는 로케이션에서 돈도 시간도 부족할 때 프로듀서의 말은 특히 끗발이 약하고, 내 말이 통하지 않겠다 싶으면 불안은 '두구두구' 고조되기 마련. 3층 객석까지 천정이 뚫린 옛날 극장의 넓은 무대 위에 비계를 설치하고 촬영하는 상황이었다. 천신만고로 설치해놓은 무대 위 장치 하나를 이따 다음 신 촬영 전에 치워야 하나 말아야 하나 하는 문제로 옥신각신할 일이 있었다. 내심 지극히 형식적인 옥신각신이었다. 나는 그걸 치울 (치우게 할) 마음이 전혀 없었으니까(내가 직접 '아시바'에 기어 올라가 잡아 뜯는 게 아니므로).

높은 곳에 기어올라 가 붙이고 떼고 하는 일은 위험하고 힘든 데다 시간이 걸린다. 감독에게는 해 준다 하고 정작 다음 신 촬영할 때는 그 장치가 안 보이게, 앵글에 안 걸리게 요령껏 찍으면 그만이지. 하는 마음을 먹고 있었던 것. 그런 차에 잠시 다른 일을 보고 극장에 들어가 보니 아득한 저 위, 위태로운 발판 위에 미술부 스태프 몇이 올라가 한참 철거를 하고 있었다.

"아, 씨발! 뭐 하는 거야!" 억누르지 못하고 터져 나온 내 외침이 공명도 좋은 넓은 극장 안을 쩌렁쩌렁 울렸다. 공중의 사람들은 깜짝 놀라 얼어붙고. 창피함도 에코가 되어 퍼져 나가는 가운데 '네가 갑자기 욕지거리하는 게 저 위의 사람들 일하는데 훨씬 더 위험하겠다'라는 자각이 뭉실 피어올랐다. 천둥 같은 욕 소리는 1000석 극장의 공간을 빈틈없이 채우고 자각의 구름은 내 발끝에서 머리끝까지만 천천히 올라가서 '피융' 하고 사라짐.

다른 한번은 미국에서. 가족과 산 설고 물 선 동네를 여행하던 중 저녁을 먹으러 식당에 갔을 때. 아칸소주(앗, 또 아칸소!)의 '핫스프링스Hot Springs'는 이름 그대로, 예전부터 온천으로 유명한 작은 마을. 우리가 찾은 레스토랑은 옛날 호텔 온천장 시설을 그대로 활용해 펍Pub으로 개조한 멋스러운 곳. 넓은 홀에 목욕탕 하얀 타일이 좌르르 반짝이며 붙어 있고, 고요한 실내에 음악이 작게 흐르며, 여러 개의 진짜 황동 수도꼭지에서 수제 맥주가 나오는!

배는 고프고 피곤해 죽겠는데, 한시라도 빨리 저 맥주를 들이켜야겠는데, 바쁜 일도 없어 보이는 웨이터가 미동이 없었다. 눈을 맞추려는 노력을 3초간 진행한 후 손을 들고 "저기요 Excuse Me!"를 시전했다. 미처 웨이터의 주목을 끌기도 전에 작은아들 요하의 차가운 눈초리가 먼저 달려왔다.

유아 시절의 이 아이는 누구보다 다정한 말과 기발한 몸짓으로 사랑을 표현하는 아동이었건만 사춘기에 접어든 무렵부터 어찌 된 사연인지 유독 엄마인 나에게 훈계와 비판이 잦았고 혹독했다. 첫째 때 이미 슬쩍 겪은 바. 아이가 열한 살 무렵인가 "너도 사춘기 되면 형처럼 엄마 야단칠 거니?" 물었더니 "아휴, 엄마. 제가 왜 그러겠어요"라며 외려 나를 달래 주었는데.

사랑의 약속, 사랑의 말처럼 허망한 것은 없다는 사실을 알려주듯 그 아이는 가장 적절하고 효과적으로 기분을 망치는 일의 대가가 되어 버렸다. 이때도 내가 왜, 뭐, 하기도 전에 차분한 저음의 목소리로 말했다. "어쩌구 저쩌구, 엄마는 배려가 없어요." '어쩌구 저쩌구'까지는 얼씨구 절씨구 하며 참아 냈는데 결정적으로 "배려가 없어요" 부분에서 (수제 맥주 황동 수도꼭지가 아니라) 내 꼭지가 돌아 버렸다.

자식이 되어서 생면부지 웨이터 사정은 봐 주면서 모친 배려는 뒷전이라는 말인가?

"아, 씨발, 못해 먹겠네. 여기까지 데려와 듣는 말이. 내가 뭐가 없어?"

데시벨이 높진 않아도 쩌렁쩌렁 소리가 공명하는 목욕탕 벽에 닿는 한국말 '욕성(욕+육성)'이 찰졌다. 짙은 부끄러움이 테이블에 내려앉았지만 한편 속이 시원하긴 했다. 욕은 이러라고 있는 거긴 해.

이전에도 이후에도 공개적으로 욕설을 한 적은 없는 것 같다. 나쁜 행실이 습관이 되지 않게 하려면 수치심만한 백신이 없다. 더욱이 사랑하는 사람 앞에서 깊은 부끄러움을 느끼면 몸에 새겨지는 교훈을 얻는다. 다시는, 네버 에버, 이러지 말아야지.

뒷담화

대화의 쾌감은 두 손바닥이 철썩 맞듯 공감하는 데서 최고로 빛을 발한다. 거기에는 뒷담화 만한 것이 없으리. 플러스, 뒷담화는 죄책감이라는 다루기 어려운 감정까지 공유하게 만들기 때문에 연대 의식을 낳는다. 함께라는 생각, 연대감이야말로 길고 쓸쓸한 인생길을 밝히는 등불인 것을!

사실 뒷담화를 왜 하는가. 위로받고 싶어서 아닐까. 따뜻한 등불 밑에서 한숨 돌리고 싶은 마음인 거다(공감 받지 못하는 말은 할수록 쓸쓸해질 뿐이기에 뒷담화가 고유의 빛을 발하려면 뒷담화의 대상을 서로가 알고 있어야 한다는 게 내 지론이다). 뒷담화에 슬슬 시동을 거는 것은 '억울한 일 털어 놓기'.

말로 당한 억울한 일. 당할 때도 민망했지만 생각할수록 뼈에 사무치는 말. 들을 만한 말을 적당히만 들었다면 억울할 일도, 뒷담화할 이유도 없겠지. 뒷담화의 대상이 되는 그 사람이 '해도 해도 너무 했다'는 것을 알리려면 내가 한 일을 먼저 알려야 한다. 그래서 뒷담화는 일단 고백으로 시작한다.

멜로영화를 잘 만드는 자타공인 똑똑이 감독과 일을 한 적이 있다. 시나리오를 잘 쓰는 사람이었음에도 프로듀서인 내가 시나리오 초고를 쓰기로 했다. 산전수전을 다 겪은 노련한 제작자께서 이 몸을 작가로 짝지워 주신 데는 깊은 뜻이 있겠지. 기혼 여자의 리얼리티를 시나리오에 담아 보라는 의도가 있었을 거였다.

영화 일이 그렇다. 초고만 쓰고 말려고 했는데 (프로듀서 업

무로 전환 배치) 그렇게 되지 않았다. 아주 엉망이면 바로 집어치우고, 감독 본인이, 아니면 다른 전문 시나리오 작가를 찾아 새로 시작하는데, 써 온 거에 재미있는 구석이 조금 있으면 일이 어려워진다. 회의를 거듭하다 보면 뭔가 다른 게 나오지 않을까 싶은 거라.

쓰고 쓰고 쓰고 또 써서 네 번째 버전 스크립트가 나왔다. 계절은 한 바퀴를 돌아 같은 자리에 와 있었고. 사계절 동안 전면적으로 수정을 거듭하느라 확 노쇠해 버린 나, 여일하신 산전수전, 그 사이 이미 마음이 떠서 다른 프로젝트를 시작한 관계로 생기발랄한 똑똑이, 그 외 몇몇 배심원들이 마주 앉아 회의를 했다. 앞에 산전수전님이나 배심원들이 어떤 인사치레나 격려 말씀을 했는지 조금도 기억이 나지 않는다. 나를 '누님'이라고 부르던 똑똑이가 짐짓 딴소리를 하며 분위기를 확 바꾸었기 때문이다.

"누님, 요새 애들 모이는 홍대 앞 가끔 가십니까? 상상마당이라고 있는데. 아, 아신다구요? 맞아요, 주차장 사거리 거기. 극장도 있고. 시나리오 워크숍도 하는데 거기서 강의를 하면요, 은근히 재미있어요. 초짜들이라 처음에 개발새발 하다가도요, 몇 번 지적을 해 주면 몰라보게 좋아지거든요."

머릿속으로 홍대 앞이니, 주차장, 상상마당 건물, 워크숍 강의실까지 공손히 따라 들어가다가 뚝 걸음이 멈추었다. 멈추어 서서 기다렸건만 내가 만들어 낸 세계의 인물이나 이야기에 관한 말은 이어지지 않았다. 똑똑이는 약속이 있다고 뒤풀이를 생략하고 가 버렸고 나는 과음을 했다. 평소에도 자주 과음을 하기 때문에 상처받은 티가 나지도 않았다는 게 조금은 자존심 방어에 도움이 되었을라나.

다음날 숙취를 누르는 서러움이 밀려오기에 얼굴도 성격도 동글동글한 친구 영화감독에게 전화를 했다. 영혼을 갈아 넣으며 함께 일한 지 1년 만에 상상마당 워크숍 참여자(보다 못한) 취급을 당했다는 신산한 고백을 듣더니 동글이는 다짜고짜 똑똑이를 맹비난했다. 요지는, 똑똑이의 지난 연출작들을 읊으며 갈수록 더 흥행 성적이 나빠지고 있다는 것이다. "그렇게 잘 알고 잘났는데 왜 그러지!" 정말로 의문인 듯 갸우뚱거리는 동그란 얼굴이 전화기 너머로 보이는 듯했다.

얼마 후에는 친구였던 (지금은 아니다. 슬프다. 돈 문제다) 제작자에게 하소연했다. 그이는 작심한 듯 본인이 똑똑이에게 당한 사연을 풀어냈다. 대학 졸업 후 남녀공학인 대학 영화과 대학원을 갔다(똑똑이가 학부부터 다닌 학교다). 들어가자마자 좀 거칠게 연애 비슷한 걸 했다고 한다. 똑똑이랑?

그건 아니고. 아무튼, 대학원 사람들 여럿 있는 데서 "그러려고 대학원 왔느냐"는 지청구를 똑똑하게 들었다고 했다. 그 똑똑이 양반으로부터.

못됐네, 못됐어. 지가 뭔데 그렇게 뼈를 때린단 말인가. 열렬하게 나는 동의했다.

총체적으로 조화로운 뒷담화였다. 얼마나 위로가 되었는지 모르겠다. '이만하면 되었다'라는 느낌이 왔다. 이 정도면 되었다, 하는 느낌이 들 때가 언제냐 하면 슬슬 죄책감이 드는 순간이다. 그거면 일상의 다음 단계로 넘어갈 수 있는 것이다. 술꾼들은 익히 알고 있듯이, '충분히 마셨다' 하는 자각은 '너무 많이 마셨네' 하는 죄책감과 같이 오는 것 아닌가? 불행히도 술 마실 당시에는 사고가 마비되어 죄책감이 끼어들 여지가 없긴 하지만. 말을 하자면, 에 또, 예를 들자면 그렇다는 말씀.

당시의 나는 다음 단계로 갔다. 힘을 내어 다섯 번째 원고를 쓰고 일을 마칠 수 있었다. 잘됐냐고? 대답은 Yes and No. 최종본이 내 마음에 들고 돈 받은 만큼 해 냈으니 개운하다고 말할 수 있다는 점에서는 Yes! 결국 영화로 제작되지 못했다는 점에서는 No!

하나의 일이 끝났고 다음 단계로 나갈 수 있다면 그 점은 잘된 일이라고 생각한다. 산전수전은 동의하지 않으실지라도. 아마 내 자신도 지금 다시 그 원고를 본다면 아쉬움이 많을 거다. 아이고, 죄책감의 연대를 나누는 뒷담화에 관해 말하려고 했던 거지. 그러니 이 건은 이제 그만 가야 한다. 충분히 마셨다구요.

말과 개

2019

39cm × 54cm

메뉴를 고르는 가족
2016
28cm × 35cm

사연은 모르지만 영 불편한 기색으로 식사를 기다리는 가족을 보았다. 캔자스시티에서. 밝고 화려한 원색이 넘실대는 패밀리 다이너라서 다른 이들과 두드러지게 대조되었고. 인형같이 예쁜 소녀도 있었는데.

붉은 지붕 마을 입구의 여인
2019
39cm x 53cm

은성한 마을에서 배척받는 '죄 많은 여인'이 (한낮에 물 길으러 나온 성경 이야기 속 우물가 여인처럼) '빼꼼히 마을 입구를 내다보며 메시아를 기다리는 장면'으로 그렸다. 거창하고 자세하기도 해.

삼각관계
2019
39cm x 53cm

보는 이는 개, 고양이, 여우 중에 누구와 눈을 맞추고 동일시하는지 궁금하다. 그걸로 한참 이야기해도 재미있을 것 같다.

고양이와 개
2018
39cm × 53cm

기어이
해 버린 말

하지 못해 아쉬운 말보다 기어이 해 버린 말이 더 사무칠 때도 있다.

내 가장 오랜 기억들 중의 한 장면을 불러온다. 북한산 아래 연신내 천변에 '브로쿠' 공장이 있었다. 모래를 시멘트와 섞어 틀에 넣고 찍어 내는 가건물이 있고, 그 엉성한 '공장'을 작아 보이게 만드는 높다란 모래산이 있었다. 아주 아주 어린 꼬마였던 나와 또래의 아이들이 함께 있는 장면이다.

지치지도 않고 그 모래산을 한달음에 뛰어서 오르락내리락, 또는 벽돌들 틈바구니를 들락날락하며 치기 장난을 하는 것이 눈 뜨면 해질 때까지 하는 일이었다.

모든 말이 함성이고 모든 걸음이 달리기였던 시절. 누군가로부터 (목청껏 외치는 함성이 아니라) 낮게 깔려 속삭이는 말을 들었다. 공장 옆 움막에 사는 볼 빨간 채송화, 매일 함께 모래산을 뛰어오르고 손등에 두꺼비집을 함께 만드는 채송화, 그 채송화네 엄마가 '계모'란다. 콩쥐팥쥐, 신데렐라 이야기도 모르던 아주 꼬마인데도 그 속삭임이 주는 은밀한 어감으로 '계모'는 그만 특별해져 버렸다. 대놓고 크게 말하면 안 될 것 같은데, 그래야 한다는 데에 슬그머니 반발심이 올라오는 느낌(지금 보니까 이 오래된 회상에 내 성질머리의 원형이 담겨 있다. 신기하게도. 눈치는 빠른데 분위기 따라 휩쓸리기는 싫은 억하심정 말이다).

모래산 위에서 뱅글뱅글 돌면서 계모, 계모, 계모 속으로 되뇌며 이 말은 하면 안 되는 말이야 하고 생각하고 있었는데 저 아래 채송화 모습이 삐죽 나타났다. 몸이 먼저 움직였다. 모래산을 와다다다 한걸음에 달려 내려가 숨차게 채송화 앞에 급정거, 딱 눈을 마주치며 말했다. 속삭이는 말이 아니고 숨을 몰아쉬며 크고 힘차게. "니네 엄마 계모야?"

지금은 채송화 얼굴 모습도 이름도 기억이 나지 않는데 그 아이 빨간 얼굴이 일그러지는 변화의 순간과 그 표정을 대하자마자 돌이킬 수 없는 말을 해 버렸다는 낭패한 기분이 빈 우물에 두레박이 툭 떨어지듯 선명히 들렸던 것만은 엄청나게 생생하다.

의기투합하여 영화를 만들 때는 함께하는 동료들이 거의

가족, 전우처럼 여겨진다. 특히 경력의 초창기 때는, 특히 프로듀서와 감독은. 같이 먹고 같이 일하고 같은 지붕 아래 잠드는 날들이 몇 달이나 계속되니까(공사 구분 없이 시시콜콜히 나누는 이야기는 또 얼마나 많은지!). 지금이야 다르지만 일이 끝난 후에도 오래 얼굴을 보지 못한 식구라는 기분이 조금쯤은 남아 있었던 시기가 있었다.

그즈음 함께 일한 감독이 오랫동안 다음 영화를 시작하지 못하고 있었다. 흔한 일이다. 여러 가지 이유로. 나는 다른 장소에서 다른 사람들과 이런저런 영화를 계속하고 있었고. 서너 해 만에 만나자는 연락이 와서 얼굴을 보았다. 어제 만나서 일하고 헤어진 듯, 같은 열의와 친근감으로 그는 자신의 다음 영화 계획을 말했다.

북한이 홍수와 경제 봉쇄로 대기근을 겪고 있던 시기였다. 탈북민 '꽃제비' 소년의 눈물 어린 시련, 조력자들의 활약을 다루는 기가 막힌 실화를 영화로 만들려고 하는데 프로듀서를 맡아 달라고 했다. 굶주리는 동포들의 고통이 너무나 심각하며 시나리오를 잘 개발해서 배우만 붙으면 이 영화에 돈을 댈 만한 기독교계 실업가가 있다고 했다.

사실 그때 내 대답은 정해져 있었다. 나는 내가 좋아하고 잘할 수 있다고 생각한 기획에 열중하고 있던 차라 그냥 정중하게 거절을 하면 되었던 거다. 그런데 그 '정중하게'라는 방법에서 당시의 내 생각이 글러 먹었던 것 같다. 이 영화를 거절하는 솔직한 이유를 말해야 한다고 생각한 것이다. 맙소사.

이 양반은 영화를 만들 수 있느냐 없느냐의 여부가 중요하다고 여기고 있었지만 나는 왜 이 영화를 자신이 해야만 하는지가 문제라는 사실을 이 양반이 꼭 알아야 한다고 느꼈던 것이다. 그 자리에서 끝낼 수 있었을, 끝내야만 했을 숙제를 어리석게도 싸 들고 돌아왔다.

며칠을 (쓸데없이) 고심하다가 이메일을 썼다. 제작비만 있으면, 투자자의 선의만으로 저절로 개봉과 배급이 이루어지는 시절이 아니라고 했고 (그 말은 너의 연출력이 의심스럽다는 것) 감독님이 그렇게 북한 동포들의 식량 사정에 마음이 아프다면 (그리고 저는 그 마음을 의심하지 않는데) 그 기독교계 실업가를 설득해서 제작비 30억 원을 식량 지원에 직접 쓰는 것이 나을 거라고 쓰고 말았다(그 실업가가 그렇게 순진하리라고 생각지 않으면서도).

어처구니가 없다. 왜 내가 너를 존중하지만 그럼에도 이 생각에는 동의할 수 없다는 말을 그 생각의 숨은 동기와 실현 가능성까지 '솔직'하게 말해서 인정받아야 한다고 생각했던 것인가. 사실은 그가 상황을 제대로 받아들이는 것보다 내가 내 자신의 입장을 있는 그대로 '알려야' 한다는 이상한 자기중심주의가 있었던 것이다. 미움을 받더라도, 관계가 끝나더라도.

이것은 매우 부끄러운 일화인데도 지금 나는 쓰고 있다. '기어이 해 버린 말'이 아무리 후회가 되더라도 비슷한 일을 반복하고 마는 지겨운 사태에 경각심을 갖기 위해서. 나는 '표현하고 싶다, 표현해야 한다'라는 강한 충동을 지니고 있는 인간인 것이다.

자신의 절박함을 대의로 포장하는 자기중심주의는 얼마나 흔한가. 이걸 알아차리는 데 수고가 들지는 않는다. 하지만 마음속의 경종을 꺼내어 상대의 귓가에 흔들어 대는 것은 또 다른 문제. 주의해야 한다.

이제는 저런 이메일을 쓰는 일 같은 유치한 실수는 하지 않지만, 자기중심주의에 대한 내 심정을 포장해서 전달하고 싶지 않다는 또 다른 자기중심주의의 유혹에 아주 쉽게 빠지고 마는 사람이라서다. 자기중심주의를 고발하고야 말겠다는 자기중심주의. 어렵다 어려워.

달, 해, 여자   새들   얼음나라 순록
2020   2020   2020
41cm × 32cm 32cm × 41cm 32cm × 41cm

격납고(죄책감 리본)
2020
32cm x 41cm

마틴 스콜시지 감독을 좋아한다. 나쁜 놈을 인간적으로 그려내는 데는 이 영감을 따라올 자가 없다. 신작 〈아이리시 맨〉을 보고 흥분했다. 로버트 드 니로, 알 파치노, 조 페시까지 합세! 넷플릭스로 공개되어 극장 어둠 속에 숨어들어 제대로 죄책감의 연대를 나누는 데는 여의치 않은 환경이었으나. 이 영화의 클라이맥스 장면에 나오는 장소, 황량한 비행기 격납고를 그렸다. 나쁜 놈이 나쁜 짓을 하러 검은 세단을 타고 장면 안으로 미끄러져 들어왔다. 아직은 아무도 모르는 불길한 기운을 이 몸이 오색찬란한 죄책감 리본을 둘러 예고해 보았다. 물론 장면을 이미 보고 돌려서 멈추어 놓은 것이지만(넷플릭스의 장점이자 단점), '안 돼, 오지 마! 오지 마!'라고 희생자에게 경고하는 것처럼. 스크린을 향해 발 구르고 소리치는 옛날 관객들처럼.

73

해남 도솔암
2020
38cm × 47cm

우연의 그림 비둘기와 목련
2020
18cm × 25cm

석류주 마시고 그린 새
2020
18cm x 25cm

직접 담근 석류주를 빛깔이 나오자마자 못 참고 마셨다.
비 오는 저녁에. 담금 소주의 쓴맛이 그대로 남아 있었지만
색깔에 취하고 봄비에 취해서 계속 마셨다.
배경이 그래서 붉게 흘러 간다.

수사법은
중요해

**뻔한 말을 싫어하는
편이지만**

뻔한 말을 싫어한다. 말이야말로 발화자의 고유함, 혹은 상대를 특별히 신경 쓰고 있음을 알려 주는 신호인데 '배부르고 등 따시니 졸리다' 같은 소리를 왜 굳이 하냔 말이야. '기도하는 마음입니다'와 '기도합니다'는 많이 다르다. 기도하는 마음은 저절로 품을 수 있지만 기도를 직접 하려면 (신에게) 무슨 말을 할지 생각해야 하기 때문이다. 물론 그 기원의 말이 현실로 이루어지기 위해서 나는 무엇을 해야 하나, 까지 가면 좋겠지만.
앞뒤가 막혀 답답하고 깜깜해 비틀거려도 기도는 할 수 있느니. 실상 기도는 기도하는 그 순간이 응답이고 은혜라고 생각한다. 무엇을 어떻게 빌어야 할지 알아차리고 말하는 순간 반짝, 위로의 빛이 켜지지 않던가!

큰아이가 일하고 있는 베트남은 코로나 팬데믹 초기에 일찌감치 국경을 봉쇄했다. 병을 다스릴 치료제나 백신이 원활할 리 없는 나라에서 현명한 조치였다. 불평에 걱정만 주야장천 끓이고 있는 타입의 어미는 아니지만 오래가니 이거 정말 쉽지 않다. '마음먹으면 가서 볼 수 있다'와 '언제나 보게 될지 기약이 없다'라는 것은 정말 다른 이야기니까. '기약이 없다'라니! 군대를 보냈어도 유학을 보냈어도 '기약'이 없지는 않은데.

아이는 괜찮을 거다. 부모 형제 그리워 울지도 않을 거고 아플 수는 있지만 나을 거다. 어미의 기도는 땅에 떨어져 버려지는 일이 없으니 즉각 올라가 접수되었을 것이다. 문제는 나의 평화다. 내 마음의 평화를 위해서 기도해야지. 어릴 때 부르던 찬송가 가사가 반사적으로 튀어나왔다. '제게 강물 같은 평화를 주세요'라고. 강물 같은 평화라니, 얼마나 뻔한 수사법인가. 그런데 효과가 있었다. '응답'을 받았다. 유장하게 흘러가는 큰 강물의 시각적 이미지와 함께 푸른빛이 감싸는 시원하고도 부드러운 느낌이 찾아왔다.

실은 나는 청탁이 어렵다. 노골적으로 자신을 위한 기도를 할 때는 어색하니 에둘러 말하게 된다. 내 마음의 평화를 간절히 구할 때조차 그저 오늘 하루, 아니 이 아침 반나절의 반이라도, 쉬 마려운 강아지처럼 낑낑대지 않고 지낼, 겨우 그만큼의 평화만, 좀, 어떻게, 정도를 염두에 두고 있었는데 불쑥 '강 같은 평화'라는 뻔한 말이 툭 튀어나오고 만 것이다. 그러고 보니 아니, 이왕 전지전능하신 분에게 이번 기회에 쓰시라고 말씀드리는 마당에 좀스럽게 구는 건 경우가 아니다, 라는 생각에 이르렀다.
그렇지, 하느님, 콸콸 쏘세요! 제게 한강 같은, 메콩강 같은 평화를 주세요!

뻔한 말을
뻔하지 않게

뻔한 말을 달리 들리게 만드는 방법에 '줄여 말하기'가 있다. 선생님을 '샘'이라고 하는 것이 세 음절 말하는 시간을 한 음절로 단축해 시간을 아끼는 효과만 있는 것이 아니니까. 훨씬 친근하고 평등한 느낌이 들지 않는가. 뻔한 말을 유난히 싫어하는 건 젊은이들이므로, 그들은 밤에 오래 자지 않아도 멀쩡하므로, 자고 나면 줄임말이 생겨 있다. '안물안궁'이어도 알게 된다. 익숙한 말을 완전히 낯설게 들리게 줄여 놓아서 놀랍기도 하고. '뻐카충'을 처음에 들었을 때 이상했는데 이 말은 여전히 이상하다. 버스 카드 충전! 버스카드와 더 친밀하고 평등해질 필요가 있을까? 오래가지 않을 줄 알았는데 영원히 애용되고 있네.

한편 기함할 만한 줄임말도 있다.

'삼고빔'.

'설빔'처럼 특별할 때 입는 옷을 칭하는 말같이 들렸다(그것도 귀여운 옷).

'삼가 고인의 명복을 빕니다'란다. 이 말을 옹호한 사람은 영어에서도 'R.I.P' 쓰지 않냐며 왜 우리말은 안 되냐고. 'Rest in Peace, 편히 쉬세요'를 줄인 말이니까 삼고빔이랑 뜻은 같습니다만, 이 말은 안 되겠는데요. 가벼워서는 안 되는 것을 가볍게 하니까.

'그 마음 알아'나 '기운 내', '밥 한번 먹자', '이번 일이 전화위복이 될 거야' 같은 무난한 위로의 말조차 상처가 될 때가 있는 법인데. 조심스럽게 슬픔의 물꼬를 터 주는 데 쓰는, 그래서 슬픔에 질식하지 않도록 길을 터 주는 뻔한 말 한마디가, 더 이상은 줄일 수 없는 말이 있는 것이다.

문어체로는 '삼가 고인의 명복을 빕니다'이고 말로 할 때는 '어쩌면 좋아'.

장광설

나이가 들수록 집중력이 떨어지는 것을 실감하고 있다. 엄밀히는 집중력의 지속 시간이 짧아졌다는 말이 맞겠지. 크게 분할 것은 없다. 인터넷·스마트폰과 함께 자라난 젊은이들은 더하다고 하더라. 있다가 없는 놈이 처음부터 없었던 놈보다 더 분하게 느끼는 법이라 종종 화딱지가 날 때가 있는 것일 뿐.

집중력의 부족을 특히 실감하게 되는 때가 있으니, 누군가의 장광설을 들어야 할 순간이다. 지나친 것은 뭐가 되었든 힘들다. 그런데도 그냥 말이 많은 '수다'나 같은 이야기를 되풀이하는, 그 이름부터 자디잔 '잔소리'와 '장광설'을 내가 굳이 구별 짓는 것은 장광설 쪽이 가뜩이나 부족한 집중력을 교란하는 정도가 훨씬 크기 때문이다.

자초지종을 늘어놓고, 강조할 것은 여러 번 말하고, 어느

대목에서 곁가지로 빠졌다가 돌아와서 지금까지 말한 것의 요지를 정리한 뒤 이 말이 혼자만의 생각이 아님을 분명히 하기 위해서 타인의 평가를 몇 가지 곁들여 준다.

이런 장광설은 듣는 사람에게 짜증과 고통을 안겨 주지만 말하는 사람에게도 힘든 일이다. 장광설에는 '기어이 해 버린 말'과 '그 말을 할 걸 그랬어'의 후회와 미련이 부록처럼 주렁주렁 달려 있기 십상인지라. 장광설 깨나 읊어 본 당사자로서 나는 이 점을 특히 자신 있게 말할 수 있다.

연애같이 지극히 사적인 영역이나 업무상 대화에서도 장광설을 피해야 한다는 사실만은 공히 같으니. '장문의 이메일' 너무 싫어! 이 사람의 전화만은 피하고 싶어! 비명을 내지른 경험이 누구나 있을 것이다. 길을 잃기 쉬운, 길고도 복잡한 장광설 거리에서 랜드마크로 삼을 만한 말 몇 가지를 소개하고 싶다.

가성비로 따지면

'가성비'는 가격 대비 성능이라는 뜻이란다. 그러니까 이것도 일종의 줄임말입죠. 자주 쓰이는 말이니까 줄여 놓았겠지. 사실 이 말은 예전에는 자주 쓰이는 말이 아니었다.

지불한 돈에 비해 성능이 좋다니 이것은 나를 시장에 나온 소비자로 치고 내가 접한 물건이나 서비스를 상품으로 쳐서 '이 정도면 손해 보는 장사는 아니다'라고 말하고 있는 셈이다.

진짜로 물건을 구입한 후에 남기는 상품 후기에 쓰이는 경우에야 덜그럭거릴 일이 전혀 없겠으나 어떻게 가성비 좋은 만남이니, 가성비 좋은 여행이니, 이 결혼은 가성비가 떨어진다느니 오만 경우에 죄다 가성비의 잣대를 들이대는 걸까.

좋으면 좋다, 싫으면 싫다 하면 되는 것에 가격에 비하면 성능이 좋다고 말하는 것은 구차한 변명 같아. '고유한 주체라기보다 일개 소비자로서 내가 감각하는 이 만족과 행복은 허구일지도 몰라요. 당신이 가진 (경험한) 멋진 것들에 비하면 아무것도 아니겠지요. 당신 지갑이나 내 지갑의 1000원은 같은 금액이라 하니 1000원어치만큼은 훌륭하다고 말씀드려요'라는 겸손한(?) 마음을 담고 있는 표현이라고 할까. 가성비라는 말을 입에 달고 사는 사람에게서는 쓸데없는 겸양의 겉치레가 늘어질 가능성이 있다고 나는 생각하는 편이다. 가성비 좋은 물건, 가성비 좋은 사람이라는 소개 뒤에는 길고 긴 그렇게 생각하는 이유가 겸손히 잠복하고 있을지 모른다는.

나 이런 사람 아닌데

그러니 지금부터 하는 말은 내가 평소라면 하지 않을 말이라는 뜻이겠지요. 쉽게 넘어가지 못할 어떤 일이 있어 나 아닌 다른 사람으로 변신할 정도면, 그 사연은 얼마나 많은 설명을 필요로 하겠느냐 말입니다!

솔직하게 말할게

지금까지는 솔직하지 않았다는 말이다. 솔직할 수 없었다는 뜻이고. '솔직'이 솔직히 쉬울 텐데 어렵게 침묵이나 거짓이라는 방책을 써 왔다면 얼마나 구구절절한 사연일까 두려워진다.

일반적으로

너도 알고 나도 아는 형편을 '일반적'이라 여기죠. '일반적으로'가 말에 등장할 때는 당신이 당연히 여기고 있는 그

것, 혹은 지금 하려고 하는 그 선택이 남들이, 다수가 알거나 행하는 것과 다르다는 지적이 전제되어 있을 가능성이 크다. '(뭘 모르시는 것 같은데) 일반적으로는 이렇습니다'. 뭐, 이런 식. 혹은 반대로, 자신이 겪었거나 하려고 하는 일들이 '얼마나 일반적이지 않은지' 즉, 특별한지를 강조하기 위해서 살면서 수집한 정보들이 증거자료로 잔뜩 첨부되기 십상이다.

이런 담화는 얼핏 자랑처럼 들리지만 그렇지 않다. 내가 이러이러한 일반적이지 않은 일들을 겪거나 그런 물건을 가지고 있을 만큼 원래부터 대단하거나, 능력 있거나, 예쁘거나, 사랑스럽지 않으니 입증이 필요할 거야 하는 마음이 깔려 있다는 것. 사실은 자존감이 부족한 경우에 장광설이 풀려 나온다. 그래서 '일반적으로'라는 말로 시작되는 말은 길다는 것이 일반적인 견해다.

이 밖에도 아주 많다. 장광설 안에 존재하는 패턴이 단출하면 장광설 이름값이나 하겠습니까. 그러니까 대화의 모퉁이를 돌 때 위의 말들이 얼핏 보이면 '앗, 장광설이구나' 알아차리는 정도지. 장광설은 상대가 오해하지 않도록 '조목조목 다 말하겠다'라는 심정이 전제가 되니까 배려처럼 보이기도 한다. 그렇지 않다. 중요한 이야기가 길고 세세해지는 것을 누가 장광설이라 부를까.

세상사 많은 일이 실은 (오해할 건더기가 없게) 단순하거나 (구태여 남이 관심을 갖지 않을 만큼) 시시한 일이 대부분이지 않나. 한사코 오해받지 않겠다는 비대한 자아, 불안한 마음이 장광설을 부를 뿐이라는 생각을 잊지 않으려 썼다.

stay calm keep praying
2019
39cm x 54cm

여의도 성모병원 부근을 지나다가 병원 주차빌딩에
거대하게 그려진 성모 마리아상을 보았다. 잘 모르는 분들이
많은데 내가 다니는 성공회(교회)는 기독교를 구교(가톨릭),
신교(프로테스탄트)로 나눌 때 신교다.
그것도 '빠른'(감리교나 장로교보다). 신교를 다니니까
성모 마리아 도상과 그다지 친할 기회가 없어서 이렇게
큰 그림을 보면 낯설고 좀 외국인(이국적이라는 의미에서) 같다.
길게 눈길이 가기도 하고.
'stay calm keep praying(가만히 좀 있어, 계속 기도해)'는 그냥
내가 쓰고 붙인 말이다. 여의도 병원 주차장에는 없다. 회현동
지하상가에서 반짝이 구슬 스티커를 발견하고 잔뜩 사다 놓은
터라 이즈음 그린 그림에 여기저기 붙였다. 너무 예뻐서. 성모가
굽어보며 함께 기도해 준다는 말은 네온사인보다 화려하게
알려도 좋은 '굿 뉴스(복음)'이기에 어울린다고 판단.

엎드린 소년과 새
2019
39cm x 54cm

고등학생 학부모로서 시험감독을 하러 갔다. 초등학교
학부모로 치면 녹색어머니 교통봉사 같은 것.
모두가 해야 하는 의무는 아니지만 웬만하면 해야 하는 일.
그래도 아이 학교 가는 길이라 잘 차려입고 나섰다. 내 (둘째)
아이와 다른 학년 반에서 시험 감독을 하면서 엎드려 자는
아이들을 착잡한 심경으로 보았는데, 끝내고 가는 길에 아이
학급을 슬쩍 넘겨보았더니 내 아이도 똑같이 엎어져 있었다.
엄마 다녀간다는 인사는 생략하고 왔다. 혈기 넘치는 아이들이
일제히 밀폐된 공간에 통조림 안 생선처럼 구겨져 담긴 모습은
답답하고 안쓰럽다. 이 몸이 고등학생 시절로부터 몇 십 성상이
지났건만 이놈의 광경은 예나 지금이나 어찌나 똑같은지.
왕년의 나, 지금의 내 아들. 가히 가학의 민족이다. 교실 밖은
총천연색, 교실 안은 무채색. 경계의 새는 어리둥절.

풍속화 : 스마트폰 삼매경
2019
39cm x 54cm

미국 친구가 자기 아들 모습 사진을 올렸는데 내 곁의 아들과 신기하게 같더라고. 거긴 낮, 여긴 밤. 이 시대의 풍속화.

그레타의 미소
2020
46cm × 62cm

음악회가 열릴 수 없었던 시절. 서울시향 단원들이 덕수궁 석조전 실내에서 비대면으로 실내악 연주회를 열었다. 닫힌 돌궁전에서, 사라진 왕조의 응접실에서, 보이지 않는 관객을 향해 보내는 위로의 음악이 아름다웠을 테지.
그레타 툰베리는 성난 모습으로 유명하지만 웃는 모습을 보니 영락없는 10대 소녀였다. 도마뱀과 나비는 생명력과 희망. 그렇기도 하지만 어쩐지 거기 있으면 어울릴 것 같아 그려 넣었고.

장난감 인형이 지켜 주는 어린이들
2020
46cm × 62cm

음악회보다도 어린이집에 가지 못하는 (보내지 못하는)
사람들 사연이 오죽했을까. 누구와 곤경을 비교한다는
것 자체가 이상한 일이기는 하지만. 아이들의 웃음소리가
사라진 놀이터에 익숙해진 무렵에 깜짝 선물처럼, 꼬마들이
방사선으로 확 흩어지며 까르르 웃는 모습을 보았다. 뭉클했다.
신분 높은 망자를 지키는 신상들처럼 인형들을 거대하게 세워
보호해 주고 싶었던 마음.

블랙 스완
2019
39cm x 53cm

미국도 아닌 뉴질랜드에서 총기난사 사고가 있었다. 뉴질랜드 크라이스트처치의 모스크 두 곳에서 일어난 비극적인 사건으로 51명이 목숨을 잃었다. 전형적인 증오범죄였다. 이슬람 이민자를 대상으로 한. 범행 장면을 페이스북으로 17분간 생중계하기도 했었다. 충격적인 사건이었다. 1980년생 여성 총리 저신다 아던의 대처가 돋보였다. 세월호 때 503이 보여 준 태도와 비교되어 인상깊었는데, 예를 들면 무슬림식 히잡을 쓰고 애도를 표한 것. 상복의 국가 지도자가 대표로 극진한 슬픔을 표현하고 공동체에 예의를 갖추는 모습이 우아해 보였다. 특히 그가 추도사에서 살인범의 이름을 영원히 호명하지 않겠다고 선언하며, 명성을 갈구했던 살인자는 무명으로 남기고, 희생자들의 이름을 부르고 기억을 다짐했던 것은 지혜롭고 듬직했다. 그 썩을 놈은 뉴질랜드에서 최초로 석방 없는 종신형을 받고 감옥에서 썩고 있다.

게르니카를 보는 어린이들
2020
46cm × 62cm

〈내셔널 지오그래픽〉 지의 피카소 특집 기사에서 스페인 프라도미술관을 견학하고 있는 어린이들 사진을 보았다. 프라도의 슈퍼스타 '게르니카'는 알다시피 전쟁의 비극을 그린 대작. 아이들이 이 코로나 시대를 어떻게 회상하게 될까 궁금해졌다. 심심했다, 정도라면 좋겠지.

자랑

자랑하는 말을 축하와 즐거움 100퍼센트로 경청하는 일은 어렵다. 반대로 어려운 사정을 털어놓는 말에 공감하는 반응이 진심일 가능성이 훨씬 크고. 오죽하면 '네 자랑에 진심으로 뿌듯해하는 사람은 네 엄마뿐이야'라는 말에 끄덕끄덕할까. 이 세상에 가질 수 있는 행복의 숫자가 일정하게 정해져 있어서 저 사람이 가져가려면 내 것을 내놓아야 하는 것도 아니건만 도대체 왜 남의 자랑을 들어주기가 어려운 걸까.

자랑에는 생래적으로, 듣는 사람이 갖지 못한 재능이나 따르지 않는 운, 놓쳐 버린 기회와 영영 받지 못할 것만 같은 축복을 상기시켜 주는 힘이 있다. 그래서 희미하게나마 쓰라림이 느껴지는 거다. 질투는 아니라 해도 잘 소화되지 않는 음식처럼 감정에 들러붙는 무언가가 있다, 일반적으로. 앗! '일반적으로' 나왔다! 장광설이 이어지려나 보다! 맞습니다. 지금부터 자랑을 하려고 합니다(그리고 장광설이 이

어집니다. 헤헤헤). 내게는 틈만 나면 말하고 싶어 몸이 근질 거리는 자랑거리가 두 가지 '나'있다.

첫째는 여행

둘째는 그림

여행을 많이 한 편이고, 앞으로도 많이 하려고 한다. 사는 곳에서 돌아다닐 때도 조금 전에 도착한 여행자의 눈으로 둘러보고 탐험하느라 수선스럽다. 뒤집어 먼 곳에 갈 때, 진짜 여행을 할 때는, 거기 눌러사는 사람처럼 친숙하게 깊게 느끼고 알고 싶다. 근본 없는 관광객이 아니라.

이곳저곳 내 발로 누비며 내 눈으로 보고 다닌 경험, 감각의 확장은 늘 경이롭다. 인생 여기까지인 줄 알았는데! 이렇게 멋진 것이 또 있어! 이렇게 맛있는 게 또 있다니! 웬수 같은 코로나로 국경이 꽁꽁 닫힌 지금은 더욱 그렇다. 웬수 '같은'이라니, 같잖은 '같은'을 저리 치우시지. 그냥 웬수다. 내 자식 못 보게 하고, 이웃 밥줄 끊어 놓고(아무리 장광설 예고를 했더라도 코로나 웬수질을 늘어놓는 것은 밤을 새도 부족하므로 각설하고).

나와 남편은 둘 다 해외 유학, 이민, 주재원 체류 등의 경험이 없다. 인생의 대부분을 한국에서 그것도 한 도시에서만 살았으므로 긴 여행의 경험은 각별하니 삶의 여러 국면에서 우려먹는 사골국이다. 시간이 지날수록 구수하고 영양가 높다(짧은 여행은 컵라면!).

인도에서 반 년, 남아프리카공화국에서 1년 반, 미국에서 1년 조금 넘게 눌러살았다. 인도는 2002년, 남아공에는 2008년 후반기부터 2010년 정초까지, 미국에서는 2016년 무렵. 인도에 살 때는 조국에서 월드컵이 열렸고, 2009년의 남아공은 월드컵 준비로 들떠 있었다. 2016년에는 한국은 촛불시위 정국, 미국은 트럼프가 당선된 대선 국면. 참 뜨거운 날들이었다. 아이들을 데리고 '나가' 있었기 때문에 하루하루가 더욱 특별했다. 새로운 환경에 처한 나의 모습뿐만 아니라 아이들의 모습을 지켜보는 흥미로움이 더해졌으니. 두 배의 인생을 살아가고 있는 것 같았다.

인도에서는 데칸고원 위에 자리 잡은 시원한 도시 '뱅갈로'에 살면서 남인도 지방을 굽이굽이 여행했다. 1년으로 예정했던 여행이 반 년짜리가 된 것은 출발이 늦어진 까닭이다. 내가 뜻밖의 선물을 받았기 때문인데, 바로 둘째 요하를 임신했던 탓/덕이다.

강심장이라고 해도 인도 원정 출산은 자신이 없어서 아기를 낳고 떠나기로 했다. 비자를 받은 1년 기한에서 얼추 반이 지나간 후에야 떠날 수 있었는데 그나마도, 마음이 급했던 내가 신생아를 비행기에 태울 수 있는 최소한의 월령인 1개월을 채우자마자, 생후 한 달에다 겨우 며칠이 지난 아기를 바구니에 담아 떠났다(이렇게 어린 아기는 비행기표를 따로 사지 않고 아기 바구니를 걸 수 있는 특별한 자리를 배정받는답니다).

요하는 홍은동 산부인과의 아기 수첩을 들고 나가서 아기들이 6개월 이내에 맞는 기초 예방접종을 인도에서 다 맞았다. 죄다 한글로 되어 있는 아기 수첩은 인도 의사 선생님이 '옛다, 비시지BCG 접종 체크!' 하고 볼펜으로 갈매기 표시를 해 주는데 아무 지장이 없었어요!

병원이든 관공서건 어디 고급 레스토랑이건 우리는 거침이 없었다. 공원이나 사원이나 아기를 안고 입장하면 어김없이 사방에서 열렬한 환영을 받았다(인도에서는 이렇게 작은 외국인 아기를 보는 일 자체가 희귀한 터라). 어느 곳을 가더라도 호기심에 가득 찬 사람들이 다가와 아기를 어르고 만지고 안아 보고 싶어 했다. 몹쓸 돌림병이 휩쓴 지금으로서는 상상도 할 수 없는 일이지만 그때는 잘 웃는 갓난아기와 어디

든 밀고 들어가기 좋아하는, 눈치 좋은 매니저 같은 재롱둥이 여섯 살 형아 첫째의 혁혁한 활약으로 우리는 '내둥' VVIP였다. 이런 환대는 인생 최초, 유일, 대박 사건. 스타로 사는 기분을 실컷 누렸다.

남아프리카공화국에서 보낸 시간은 더 좋았다. 자연의 아름다움과 동식물의 경이로움은 모든 것을 압도하나니. 케이프타운 근교 도시인 서머싯웨스트에 살면서 남아공 곳곳은 물론이고 잠비아, 나미비아, 레소토 등 아프리카 남부를 누비고 다녔다.

궁극의 여행지 아프리카! 인류가 시작되고 돌아갈 곳. 호흡이 가빠지네. 내 인생에 가장 햇빛 가득한 날들이었다. 상투적이어도 할 수 없다. 불안과 자괴감을 뽀송한 햇빛에 말리고 바람에 날려 보내 버린 것처럼 딴딴한 행복을 딛고 살았다.

좋은 와인을 만드는 햇빛과 바람은 영혼에도 유익하다. 정말 그랬다. 웨스트 케이프 지역의 와이너리를 순례하며 평생 마실 와인을 그때 다 마셨다. 바야흐로 때는 두 아이가 다 학령기에 닿아 있었기 때문에(초1-2, 초6-중1) 학교를 보내면서, 성공회 성당에 다니면서 현지 사람들을 깊숙이 다양하게 사귀어 친해졌고.

사소한 문제가 있기는 했다. 세계를 강타한 서브프라임 모기지 사태 후폭풍으로 환율이 요동쳐서 월세도 학비도 생활비도 예산의 두 배로 올라 버렸다. 대출로 어찌어찌 버텼다. 예정했던 1년을 버틴 정도가 아니라 아예 반 년을 더 연장해서 살았다.

미국에서는 지도의 딱 가운데, 캔자스시티 근방 교외 지역에 살았다(거기서 위로 아래로 옆으로 캐나다 맞닿은 북쪽과 저 아래 플로리다까지 구석구석 깊고 진하게 훑고 다녔다). 미국 중서부에는 호수가 많다. 소박한 공동주택에 살았지만 창밖에 호수가 펼쳐져 있어서 사시사철 다양한 새들을 만나는 재미가 있었다. 이 점이 가장 좋았다. 어느 날은 스무 종에 가까운 새들을 구별해 내기도 했다.

오십에 접어들 즈음이라 기운이 꽤 빠져 있었다 해도 새와 꽃을 벗하기에는 나이가 조금 있는 편이 더 좋은 거라. 이 시기에는 요하가 중3에서 고1에 걸쳐 있었다. 아예 미국에서 대학을 보낼 거면 모를까, 우리나라에서 입시를 치를 거라면 대입 준비에 결정적인 1년을 미국에서 허송세월(?) 할 거냐는 걱정의 말을 많이 들었다. 어차피 돌아올 거면 한

국의 고1 과정 공부를 어떻게든 병행해야 한다는 현실적인 조언도. 짧은 1년에, 말도 서투른데, 여행 다니기도 벅찬데, 그럴 수는 없는 일이라 아이는 그냥 미국학교 공부만 했다. 속 편하게 한국에 돌아와 중3 다시 다녔다.

느닷없이 임신을 해서도 갔고, 환율이 다락같이 올라서 경비가 턱없이 부족해도 갔고, 아이가 고등학생이 되어서도 갔다. 누가 말리든 어림없는 소리로 치고. 어디 가서 무엇을 보았고 누구를 만나 무엇을 했더니 그렇게 좋더라 하는 이야기, 별로 하고 싶지 않다.

나와는 반대로 생각이 깊어 귀담아 들을 말을 자주 하는 언니가 언젠가 흘리듯 한 말이 있다. "남 연애 이야기, 남 여행 이야기. 그것만큼 지루한 게 있을까?" 신선했다. 그리고 딴은 맞는 말이었다. 가슴이 설레어 밤잠을 미룰 만큼 재미있는 연애 이야기는 다 소설이나 드라마이고 어느 희귀한 여행지를 다녀왔다는 여행담도 정교하고 구성된 '여행기'를 읽었을 때, '걸어서 세계 속으로' 같은 프로그램을 보았을 때나 재미가 있는 법. 지지고 볶는 현실의 연애담이나 여행담을, 그 일을 겪은 당사자가 늘어놓는 것을 듣는 일은 늘 그저 그렇다. 그러니까 내가 '첫째는 여행'이라며 필생의 자랑을 하는 것은 나의 여행지들을 실감 나게 회고

하는 것이 아니고 '언제나, 떠났고, 떠날 준비가 되어 있다'라는 내 자신에 대한 '순수한 자랑'이다.

워낙 자랑이 순수하다 보니 떳떳해지기까지 한다. 세상 듣기 싫은 그 많은 말 중에 일정 분량의 자랑이 있어야만 한다면 타고 난 '재능', 아니면 운에 빚진 것이 훨씬 많은 '성취'를 자랑하기 보다는(이것은 정녕 듣는 이를 씁쓸하고 쓰라리게 할진대!), 그나마 태도에 관한 자랑을 법적으로 허용해 주어야 한다.

그렇게 여행을 다니느라 치른 대가에 관해서는? 뭐가 있긴 하나? 집칸이나 늘릴 기회를 스스로 박탈, 원천 봉쇄했다, 형편상 아이들이 과외를 받아 본 적이 없다, 뭐 그 정도? 학원은 다녔다. 우리 집 웬수들은 두 마리가 다, 누굴 닮았는지 우정과 의리를 끔찍이 여겨서 친구가 뭘 배운다, 학원에 다닌다 하면 자기도 가고 싶어 하고, 일단 학원에 다니면 선생님과 절친이 되어 버리곤 한다. 선생님이 아이들 잠 깨우려고 농담을 했는데 아무도 안 웃었다며 분개하고(그리고 나는 그 농담을 다 들어야 한다. 허허허 웃으며) 선생님 부인이 임신했는데 쌍둥이라 힘드실 것 같다고 근심한다. 지금도 (안 웃겨서) 수강생이 줄어 힘든데……. 그러므로 성적이 안 올라도 학원을 그만둘 수가 없다나. 그 선생이 학원 원장과 싸워 애보다 먼저 때려치울 때까지 다녔다, 이런 식. 대가를 치른 이야기를 한답시고 그냥저냥 먹고 살 만하다는 것, 내 새끼들 인간성 좋다는 자랑을 또 끼얹었다, 오 예!

어딘가로 떠나려 할 때마다 머무르기를 선택하는 편이 현명하지 않을까 하는 물음이 다가온다. 특정한 각도에서 보는 돌멩이 같다. 어디에나 있는 돌멩이. 단단하고 무늬도 묘한 돌멩이.
가 보지 않은 길을 가려고 빼꼼히 내다볼 때, 돌멩이의 특이한 무늬가 도드라져 보인다. '임신과 출산'이라든지 '돈'이라든지 '대학입시'라든지. 돌멩이는 시간 속 빛의 각도에 따라서, 즉 인생 사이클의 단계에 따라서 모양과 크기가 달라진다. 걸림돌일 때도 있으나 딛고 오르도록 도와주는 디딤돌, 혹은 보호벽을 만드는 성채가 되기도 하는 돌멩이. 발부리에 치이는 흔한 돌멩이를 보는 자, 그가 불안과 함께 가는 자라면 노하우가 필요해. 남의 말이 아니라 자신의 감각과 체력으로 이 돌멩이의 쓰임새를 정하는 거다. 돌멩이는 저절로 치워지지 않는다.

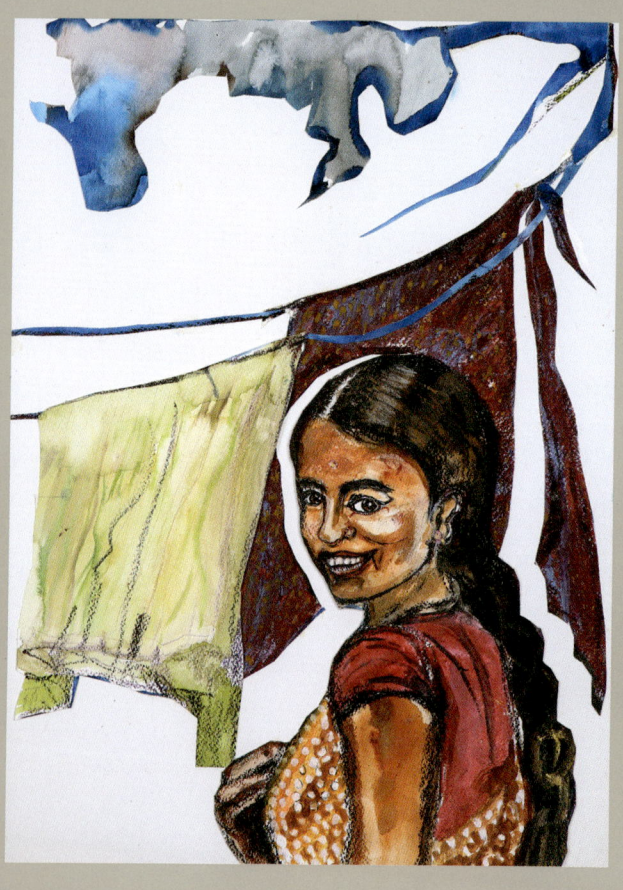

빨래
2019
39cm x 54cm

인도에 잠시 살 때 빨래하러 우리 집에 매일 오던 락슈미.
시원하게 탈탈 털어 빨래를 널고 돌아서 씨익 웃는 모습이
빨래만큼 시원해. 잘 살고 있겠지요. 갓난아기 포함 사내아이가
둘이고, 더운 날씨에 빨래는 매일 쌓이고, 세탁기를 들여
놓아야겠다 했는데 앞집에 빨래하러 오던 락슈미가 우리 집
일도 맡겠다고 했다. 중고라도 기계 값은 비싼 나라라서 여기
한국보다도 비싼데(50만원 넘었었던 듯) 락슈미는 월급이 5만원.
앞집 일 오는 김에 잠시 들러 후다닥 빨래하고 나랑 노가리도
좀 까고 돌아가니 피차 좋았다.

깃털 속의 키스
2016
28cm x 35cm

2016년 1년 동안 미국 중서부의 호숫가에 살았다. 수십 종류의
새가 날아드는 호숫가의 삶은 참으로 다채로운 자연의 경이를
보여 주었다. 평생 모르고 살 뻔 했던!
검은 하늘 가득히 내려 꽂히는 수십 줄의 번개가 보여 주는
장관, 물안개가 가득히 피어오르는 분홍색 몽환적인 새벽.
키스처럼 짜릿하고 부드러운 스펙터클을 즐겼다. 감사하게도.
그림에 물가에서 주은 진짜 깃털을 붙였다. 키스 신을 얼굴이
다 드러나게 그리니까 에구, 못생기고 신비감도 없어서
산책길에 주워 모은 깃털을 붙인 거다. 고백하자면.
임기응변의 대가. 예술가로서 장래가 촉망되는 자질입니다!
하하하.

랑카위 테라스
2018
32cm x 46cm

말레이시아 휴양도시 랑카위에 있는 '베르자야Berjaya' 리조트 객실 테라스 정경. 어려운 일 겪고 나서 큰 아이와 단 둘이 쉬러 갔던 곳인데 환경, 시설, 음식 모두 모두 너무 너무 아름다웠다. 덜컹거리던 심장이 가라앉았고 기쁨으로 새롭게 출렁일 만큼. 숲속 방갈로에 머물렀다. 감격에 겨워 테라스에 나가 앉아 그림을 그렸는데 모기가, 모기가…….
새벽에만 잠깐 나가 앉아 있을 수 있는 테라스. 유리창 너머 냉방 잘된 방 안에서 내다보기에 더없이 좋은 테라스. '파이브 스타'임에도 불구하고 가격도 이 정도면 '감사합니다'인 테라스. 이 글을 쓰며 혹시나 해서 호텔스닷컴hotel.com에 새로 검색해 보았더니 아직도 건재하더라고요(혹시 퍼 주다 망했을까 봐, 코로나로 문 닫았을까 봐). 안심.
당장 갈 건 아니지만 심신이 고달플 때 훌쩍 날아갈 수 있는 곳으로 보험처럼 생각하고 떠올린다. 그 때마다 마음이 좋아진다. 이 그림은 잘 보이는 곳에 붙여 놓고 본다. 겁먹어 움츠렸던 마음이 좌악 펴지던 치유의 기억을 떠올리면서(모기는 빼고).

남아공 시절의 두 아이   몽고반점 아기
2020   2020
39cm × 52cm   38cm × 52cm

큰아이는 아주 작게 태어났다. 조산이었다. 철없는 엄마가
간수를 잘못해서인가 해서 미안하고 근심스러웠다. 당시에
100살 가까운 이모할머니가 생존해 계셨는데 삼칠일 지나
아기를 보여드리러 갔더니 아기 엉덩이에서 빨간 도장 같은
몽고반점을 보고서 '갑종 합격!'이라고 우렁차게 선언하셨다.
멋지게 살다 가는 인생은 아주 늦게까지 유머 감각을 보존하고
살다가는 인생이라고 생각한다. 아무리 나이가 많아도
이빨과 유머 감각만 있으면 세상을 씹어 먹을 수 있으리!
이 그림을 그릴 땐 그 때, 갓 낳았을 때만큼 아이 걱정이
한가득이었다(사이에는 내내 태평성대). 아이가 아파 입원했다는
소식이 전해지고, 그때 하필 코로나로 국경을 봉쇄해 버린
나라에 아이가 있고. 잊고 있던 아기 궁둥이 행운의 반점을
떠올리면서 침착하려 중얼중얼 기도하며 그림을 그렸다.
그림은 묵주나 염주처럼 기도의 툴tool.

태양의 스페인
2017
39cm × 53cm

여행가방
2021
45cm x 60cm

무늬가 고운 여행가방이 재활용 쓰레기장에 버려져 있었다. 나도 물론 가방이고 옷이고 많이 버렸는데, 민들레 돋아난 봄철 어딘지 모르는 곳으로 마지막 여행(?)을 떠나는 가방을 그려서 그간 버린 가방들에 속죄를 해 보고자. 가방에까지 감정을 이입하고 이 난리.

제주 머체왓 무지개
2021
45cm x 60cm

2021년에 제주를 자주 찾았다. 머문 시간도 길었고 해서 이전부터 이름난 관광지들 외에 새로 떠오른 명소에서 시간을 보냈다. 남원읍의 머체왓도 그중의 하나. 일행과 함께 숲길을 한참 걷고 나서 도달한 들판이었다. 내 둘째 아이와 제주에서 의경 시험을 보려고 여행에 합류한 아이의 친구가 나란히 앉아 쉬고 있는 뒷모습 너머 눈길 닿는 곳에 무지개가 떴고, 어느 찰나에 말이 풀을 뜯고 있는 작은 둔덕과 구름이 만들어낸 형체가 (목포 신항에서 보았던) 녹슨 세월호로 보였다. 아이들에게도 누구에게도 말하지는 않았다. 제주에 오면, 무지개가 뜨면, 너희 또래의 젊은이들을 보면, 스러진 꿈의 아이들, 이리로 오는 대신 하늘로 간 그 배의 아이들이 보인다고, 틀림없이 오랫동안, 아마도 평생 그럴 것이라고는 차마.

산파교육   을숙도 일출
2020   2020
45cm × 60cm   38cm × 51cm

미국 중서부의 전원생활

밤풍경(올빼미)	말	토끼
2018	2018	2018
23cm × 32cm	23cm × 32cm	23cm × 32cm

2016년 미국에서 그렸던 그림들

레이스 그림자를 드리운 여인
2016
28cm x 35cm

나뭇잎 그림자를 드리운 소녀
2016
28cm x 35cm

붉은 배경의 블론드
2016
28cm x 35cm

베일을 쓴 빨간 머리
2016
28cm x 35cm

한편 주저앉아 돌판 위에 그림을 그리는 사람도 있다. 빛이 있는 한 그린다. 시간의 빛은 그림을 생생하게 해 준다. 뒤늦게 시작한 그림 그리기에 관해 본격적으로 자랑하려고 하는 말이다.

인생 희노애락을 그림으로 그리며 살아가게 될 줄은 꿈에도 몰랐다. 총체적으로 지겨웠던 초중고의 모든 수업 시간, 예외가 아니었던 미술 시간에 억지로 그렸던 그림 이후 그림과는 아예 담을 쌓고 살았으니. '원래 이런 사람 (그림 그리기 좋아하던 사람) 아닌데' 계열로 시작하니까 이것도 장광설.

애초에는 달리기였다. 내가 불안을 달래는 방식. 아니, 뭐 특별히 그런 줄도 모르고, 예나 지금이나 자신의 '꼬라지'를 아는 데는 젬병인 채로 일이 안 풀릴 때도 잘 풀릴 때도 운동화 끈을 묶고 뛰러 나갔다. 하루키의 재능은 없어도 하루키 같은 습관은 갖고 싶었나요? 네에, 그럼요.

콘텐츠진흥원 워크숍에서 만난 작가 몇이 선유도공원에서 스케치 모임을 한다는 이야기를 들었다. 그 무렵에 달리기를 하면 집 근처 안양천에서 출발해서 한강을 만나고, 계속해서 달려 나가곤 했었다. 성산대교 밑을 지나면 저 앞에 선유도공원. 참 예쁜 공원인데 들어가 본 지 오래되었네. 몇몇이 함께 그림 그린다던 이야기가 생각났고 그날 분량으로 충분히 뛴 것 같기도 했다. 그래서 땀내 폴폴 운동복 차림으로 공원 안 카페에 들어섰다. 친구 따라 '강남'이 아니고 삼십 년 만에 그림을!

마거리트꽃 딱 한 송이를 그려 보았다. 어떤 의미로는 이것이 생애의 꽃이다. 그 후로 한동안 수요일은 이 친구들과 카페에서 꽃 그림 그리는 날이었다. 스케치 모임이 아니고 그냥 '꽃그림 모임'. 야외에서 풍경 스케치를 하는 게 아니라(그건 엄청 어려운 일이라는 걸 나중에야 알았다).

3차원 현실을 2차원 종이에 옮기기, 보이는 대로 그리기. 이런 일을 할 때는 담력이 필요한데 오랫동안 그림을 그려 본 적이 없는 어른들은 그럴 배짱이 없다. 도무지.

그림 그리기에는 마음의 근육이 필수. 근육을 키우는 데는, 뭐다? 꾸준한 훈련이죠! 꽃그림 모임의 한 명이 '꽃그림을 그려 보자' 뭐 이 비슷한 제목의 그림 교본을 복사해 가지고 와서 한 장씩 나누어 주면 따라 그렸다. 아이가 초등학교 때 쓰던 색연필과 수채화 도구를 가지고서.

그러니까 내 어설픈 그림들은 독학의 결과인데, 그 출발은 오직 혼자 그리는 독학이 아니라, 독학인데 셋에서 다섯까지 옹기종기 모여 앉아 하는 자율학습이었던 셈.

도대체 선 하나를 어떻게 그어야 할지도 감이 안 잡히거늘 그 상태에서 '자, 마음껏 그려 보세요' 이건 말이 안 되고. 학원이나 문화센터에서 각 잡고 가르쳐 주는 방식이었으면 처음부터 시작도 안 했을 거다, 나는. 시간도 경제적 사정도 그럴 여유가 없었네요.

1주일에 한 번 카페에서 각자의 꽃을 그리고 헤어졌다. 잘 그리네, 못 그리네 할 것도 없었고. 교본의 꽃을 어지간히 다 그린 무렵 2014년. 큰아이가 고3이 되었다. 수험생활은 아이의 일인데, 고3 엄마는 그냥 엄마와 달라야 한다는 압박이 크다. 남들이 다 '고생이 많으셔요' 하니까 별다른 고생을 하지 않고 지내더라도 이게 뭔가 마음 고생이 된달까? 이래도 되는 건가 갈팡질팡했고 모의고사 성적표를 받을 때 이게 내 성적표인가 아이의 성적표인가 갸우뚱했다. 아무튼 영화 일을 20여 년만에 개점 휴업했다. 기운이 달려 그때 바로 폐업은 못했다. 몇 해 공을 들인 (영화) 프로젝트가 손을 떠났고, 나름 열렬했던 관계 하나가 생각할수록 비참해지는 방식으로 끝이 났다.

그리고 아……. 그 해에 세월호가 있었다.

안팎으로 불안하고 자신에 대한 불만이 가득한 채 일기를 쓰듯 매일매일 한 장씩 아무거나 그렸다. 그 한 해에 A4 모조지를 두껍게 묶은 드로잉북 여러 개를 채웠다. 그러다 보니, 여기까지 왔다. 목적지를 정하지 않은 여행이었다. 불안이 등을 밀었고 마침 그림이 손을 잡아 주었다.

불안은, 내가 이러고 있어도 될까?, 해야 할 일이 있는데 하고 있지 않은 것, 넋 놓고 있는 것은 아닐까 하는 생각이다. 무언가를 하면 나쁜 일을 막을 수 있다는 생각에 기인하는데, 실상 그 나쁜 일은 내가 뭘 하든 일어난다. 인생의 좋은 일이 내가 선행을 해서 받은 상이 아니듯이.

뭔가를 하지 않고 있다는 이유로 불안하다면 (태초에 입시 공부가 그랬지) 뭔가를 하면 덜 불안할까? 아니요, 나와 당신의 '불안이'는 그렇게 단순한 친구가 아니올시다. 해야 하는 일이라고 생각한 일을 하고 있다면 그때는 '더 충분히 해야 하지 않을까', '제대로 하고 있는 게 맞나'의 길로 나아간다.

그림은 언제나, 어느 때나, 해야 하는 일의 목록에 없었다. 처음에 시작할 때도, 한참 하고 있는 나를 발견한 지금도. 그냥 하면서 '어라, 이런 게 되네?' 하는 신기한 기분. 그리고 뭔가를 만들어 냈다는 느낌. 즉, 스스로를 발견하는 기쁨이, 발 뻗고 자도 되는 '하루'라는 축소형의 인생을 살아 냈다는 충일감과 짝이 되었다.

오늘, 뭔가를 배웠으며 나아지고 있다는 느낌. 늦게 시작한 그림은 그걸 보여 주었다. 출발선이 한참 늦은 사람의 자유이고 특권이다. 그림뿐만 아니라 인생은 더더욱 경쟁이 아니며 마음 먹은 대로 그려지지 않는 경우가 다반사라는 사실. 이 불안한 세상에서 불안은 앞으로 닥칠 변화(내가 가질 자격이 없었던 이 좋은 것이 점차, 아니면, 갑자기 나빠질 거야, 사라질 거야!)에 대한 느낌인데 나아지는 변화를 눈앞에서 보니까 이런 변화는 괜찮은 것이로구나, 변화 그 자체도 무섭지만은 않구나, 하는 생각이 스며든다고 할까.

솔직하게 말하면 나는 내 그림에 가끔 놀란다. '와, 이걸 누가 그렸지? 너무 멋진데?' 나는 이 그림의 의도와 세부를 누구보다 잘 이해하고 있고 애초에 기대 자체가 아주 낮았다. 척 보고 감탄할 준비가 완벽했던 것이다! 이걸 처음부터 끝까지 혼자 해 낼 수 있는 사람이라면 다른 일도 잘 해 낼 수 있지 않을까, 라며 의기양양해서 멋대로 믿어 보는 것이다.

해야 하는 일의 목록에 없되, 하는 동안 그 사실을 아예 잊을 수 있는 일을 발견하는 행운이 모두에게 있기를 바랍니다. 제가 그림 좀 그린다고 '깝치는' 게 아니예요. 그리고 좀

'깝치면' 어때요. 반딧불이가 '깝치지' 않고 덤불 속에 '수구리' 하고 있으면 어떨까요. 어제나 오늘이나 그날이 그날, 어둡고 무서운 밤일 뿐이겠지.

'깝치는' 반딧불이 여러 마리가 신비로운 밤의 풍경을 만드는 것. 누가 봐 주든 안 봐 주든 날개를 비비면서 꽁무니를 쳐들고 어두운 밤의 숲을 통과해 나가는 거죠. 반딧불이가 그리는 빛의 곡선 같은 춤에 취해서 계속 계속 그리다 보니 A4보다 더 큰 종이에도 그리게 되었고, 여기저기 그리게 되었고, 이것저것을 그리게 되었습니다.

사람의 본성에는 '해야 하니까 한다'보다 '할 수 있으니까 한다'가 더 맞는 말 같아요. 호기심이 생기면 해 보고(여행), 자꾸 하면 꽤 잘하게 됩니다(그림).

이 글을 쓰고 있는 2021년 가을. 수그러들던 코로나 열풍이 다시 덮쳐서 불안의 끝내 주는 서식지가 되고 있는 이 계절. 좋은 일이 몹시 드물다. 하루가 저물어 갈 때 기적처럼 펼쳐지는 노을 정도, 그리고 여름의 끝 무렵에 찾아온 '녹색여름전'이라는 멋진 전시회 정도.

쉼 없이 14년째 '녹색 여름전'을 열고 있는 멋쟁이 신사 원로 교수님이 올해 처음으로 내게 두 작품을 청하셨다(사실

나는 이 전시회의 존재를 작년에야 알았다. 잃어버린 12년이라고도 말할 수 있으리). 페이스북을 보고 '찜'해 주신 것. 신이 나서 그 두 점을 액자에 끼워 우이동 그린캔버스에 가져갔다(그린캔버스는 초(록)멋(쟁이) 선생님의 작업실이자 전시공간이다). 선생님이 '핸드폰으로 봤을 때보다 훨씬 좋군요!'라고 감탄해 주셨다. '초멋' 교수님께 칭찬받으니 너무 기뻐서 잘 그리지는 못하지만 어쩌구 저쩌구 너도 알고 나도 아는 쓸데없는 소리를 덧붙이니 (나와 달리) 진짜 미술가인 선생님이 단호하게 끊으시며 '딱 좋으니까 굳이 더 잘 그리려고 하지 마세요' 하셨다.

딴에는 꽤 잘 그려진 그림. 그거면 되는 거였다. 남들처럼 그럴듯해지려고 애쓰고 용쓰면 '아작나는' 것이다. 불안을 달래 주는 나의 그림은.

첫째는 여행, 둘째는 그림.

자랑을 늘어지게 두 가지나 했다.

재능이 아니라 태도에 관해서라고는 했지만. 이쯤 되면 자랑을 들어주는 게 난처하다는, 내 손으로 앞에 써놓은 말이 떠오르는데, 난처를 넘어 어이없다는 이야기가 나올 것 같은 불안이 엄습하네. 하지만 세상 사람들은 거의 다 나보다는 착하거나 쿨하다는 상식을 떠올려 본다. 자랑하다 벼

락 맞아 죽은 사람은 없겠지. 있으려나? 불안해서 하늘 한 번 올려다 보고, 자랑 끝.

선인장 위의 노란 원피스
2018
32cm x 47cm

'미네랄 페이퍼(광물 종이?)', 돌가루를 가지고 만들었다는 종이에 수채물감과 오일 파스텔로 그렸다. 2016년에 미국 화방에서 우연히 발견해서 자주 쓰고 있는 종이. 조금도 물기를 흡수하지 않아 미끄러지듯 빠르게 그려지고 마르면서 독특한 번짐 효과를 낸다. '빤닥빤닥'한 옛날 달력 종이 비슷한데, 가위를 댔을 때 스샥 잘라지는 느낌도 아주 매끄럽고 결정적이라서. 일단 가위가 닿으면 돌이킬 길이 없다는 의미에서. 좋다.
내 그림에서 오려붙인 것들은 (cut out 기법이라고 미국 친구가 말하던데) 모두 이 종이에 그린 그림을 오려서 다른 큰 캔버스에 붙인 것이다. 재미있어서 자주 쓴다. 한국에 와서 이 종이를 구하려고 여기저기 다녔는데 '두성종이'에서 팔고 있는 것을 발견해서 쟁여 두고 쓴다.
사막 선인장에 올라가 서 있는 원피스 입은 여자를 나는 '예술가'라고 생각한다. 고독하고 건조한 상태에서, 먼 곳을 바라보는 시야를 가지고, 가시에 찔릴 위험을 무릅쓰고, 쓰거나 그리거나 노래하고 춤추고 뭘 만든다.
내 관점으로는 축축하고 질척이면 땡! 좁아터지고 편협해도 땡! 인생의 가시를 몰라도 땡! 적어도 예술이라면.

분홍 수초와 물고기 베스
2018
32cm × 47cm

미네랄 페이퍼 효과가 잘 살아 있는 그림

초록 병 속 백합
2021
30cm x 40cm

우포늪 벤치
2017
46cm × 53cm

(이 책을 펴낸) 목수책방에서 《우포늪, 걸어서》라는 책을 냈을 때, 창녕 우포늪으로 소풍을 갔었다. 벤치에 앉아 늪을 보며 다리를 쉬는 내 뒷모습을 출판사 대표 전은정이 찍어 주었다. 이 무렵 유화 그리는 방법을 배워서 이 그림은 내 그림으로는 드물게 유화다. 딱히 표시하지 않은 다른 그림들은 이것저것 갖은 색칠 도구들을 사용한 소위 '혼합매체mixed media'로 그렸다. 불투명 물감(과슈), 아크릴릭, 크레파스(오일 파스텔), 심지어 펄 들어간 매니큐어, 하여간 색깔 입히는 온갖 재료들로.

아무래도 우포늪의 공기, 분위기가 재현되지 않아 불만이다가 샛노란 오일 파스텔을 써서 창을 그려 보았다. 그러니까 누군가 창을 통해 내 뒷모습을 보는 스토리가 솟았고 그림은 칙칙함을 덜어 내고 구원받았다. 역시나 창은 풍경을 달리 보이게 한다. 풍경화를 그리다가 잘 안되면 '크으게' 창문을, '때려박' 듯 그려 보자. 만사 해결.

여우를 한 마리씩
2018
38cm × 50cm

새벽에, 홀린 듯 빨리 그렸다.

덕수궁 은행나무와 아들 Two Sons John and Joha
2019
32cm × 41cm

강아지 유치원
2021
45cm x 60cm

살고 있는 아파트 1층 상가에 강아지 유치원 겸 호텔이 있다.
사람을 대상으로 하는 일이었다면 유치원과 호텔은 한 공간에
꾸리기 어려운 건데. 하루에 한 번(어쩌면 두 번?) 산책 나가는
강아지들과 마주칠 때가 있다. 유치원생이라더니 과연, 어린
견종인가 보다. 활발하고 고운 털색에 윤기가 좔좔 흐르고,
선생님 말씀을 곧잘 따른다. 이런 광경이 재미없는 시절에
재미를 준다. 매일 지나는 거리의 풍경을 새삼스럽게 보려고
맨홀 무늬에 주목해 그려 보았다. 버섯처럼, 조개처럼, 아니면
아무 것으로도 보이는 (보이지 않는) 개네들이 맨홀이다.

올해의 녹색
2021
40cm x 54cm

기숙사에 살던 막내가 여름방학 맞아 집에 와 있다. 성인 남자가 소파에서 뒹굴뒹굴하는 걸 보는 게 이렇게 산뜻한 기분일 줄은 몰랐다.

지붕 위의 소	코알라 모자
2020	2020
46cm x 62cm	32cm x 41cm

2020년의 가공할 늦여름 장마에서 가장 가슴을 저몄던 장면

호주 산불이 극심할 때 그렸다. 화마를 피해 차도에 나앉은
코알라. 무고한 존재의 수난은 너무 가엾고 지구의 악당 인간의
일원이라는 사실이 부끄러워.

여주와 호랑이
2021
45cm × 60cm

친애하는 제주 농부가 기르는 여주(약용 식물)와 고랭지 배추, 그리고 호랑이. 남한에서 배추(고랭지)를 멀지 않은 미래에는 재배할 수 없게 된다는 사실이 말이 되나? 이 땅에서 (흔하디 흔했다는) 호랑이가 그랬듯이 배추가 사라진다는 건 상상하고 싶지도 않지만 꽤나 자명한 미래라고 한다. 이대로 계속 간다면. 2021년 여름은 서늘했다. 지나고 보니 뜨거움을 실감할 활동 대신 억측과 계산, 공연한 기대 등으로 속 시끄러운 나날을 보내느라 여름에도 몸을 못 펴고 오그라들어 그랬나 싶다. 2021 여름이 아주 행복했던 사람 있나? 축하드린다. 매우 드문 경험을 했다.

벨루가 흰 고래
2021
58cm x 61cm

잠실 롯데 아쿠아리움의 스타는 단연 벨루가Beluga '벨라'.
벨루가를 흰 돌고래라고 흔히 부르는데 사실 돌고래는 아니다.
돌고래와 고래를 나누는 기준은 크기, 그러니까 몸 길이.
몸 길이 4미터 미만을 돌고래라고 하는데 우리가 만난 벨라는
5.5미터이고 벨루가는 때로는 6미터가 넘는다. 이 커다란
고래를 좁은 수조에 넣었으니 얼마나 답답할까. 자연 상태에서,
그러니까 북극해에 살면서 벨루가는 하루 100킬로미터를 넘게
헤엄쳐 다니며 산다고 했다. 그러니 벨라를 수족관의 스타라고
마냥 추켜세우는 일은 모질고 이기적인 일이다. 벨라는 롯데
아쿠아리움이 개장하기 1년 전에 형제지간인 다른 벨루가 두
마리와 함께 왔는데 수족관 환경에 적응하지 못한 나머지 둘은
2016년과 2019년에 사망했다. 벨로와 벨리, 벨라의 오빠와
남동생이었다.
해양생물학과에 진학하기로 결정한 둘째와 함께 벨라를
보러 갔다. 쭈그려 앉은 이가 나, 선 이가 요하다. 이토록
크고 아름다운 동물의 모습을 호흡을 느낄 수 있을 정도로
가까이에서 보면서 경이와 감탄을 누를 길 없었고 동시에

너무나도 미안했다. 다행히 벨라를 방사하기로 결정했다고는
하나 미적미적, 차일피일, 아직도 잠실의 지하 수조에 갇혀
있다. 나와 요하의 뒤통수를 걸고 벨라의 모습을 그렸는데
너무 외로운 것 같아 유령형제, 고스트 벨로와 벨리를 함께
그려 넣었다. 네모난 수조도 답답하니 틀을 깨어 넘쳐 나는
모양으로 그렸다. 이 그림은 2021년 '녹색여름전'에 출품하느라
액자를 만들어 둔 상태에서 촬영을 했다. 편집자와 사진가는
빛 반사 때문에 그림이 제대로 안 보일 거라고 염려했는데,
나는 수족관 유리 너머로 보이는 벨루가를 떠올리는 것도
나쁘지 않으니 그냥 찍어서 싣자고 했다.
이것이 결과다.

녹색 안의 보더콜리

2021

45cm × 60cm

가덕도 할머니
2021
39cm x 52cm

공항이 충분히 많고 기후 위기는 날로 심각성을 더해 가는데 뭘 더 짓는다, 지어라, 여기도 지어다오 하는 공방을 듣는 일은 너무 괴롭다. 나는 듣기만 괴롭지만 가덕도에서 농사짓고 나물 뜯어 장사하는 할머니는 어떠실까. 미나리 다듬는 할머니를 그리면서, 가 본 곳 중 가장 아름답고 대단한 성당인 바르셀로나의 성가족교회 십자가 주변을 함께 그렸다. 미나리 다듬는 일은 정당한 취급을 받아야 한다. 요컨대, 도와주지 못하면 그대로나 두라고. 망치지 않는 게 그렇게 어려운가.

chapter 2.

변해 갑니다
갱년기, 가을날의 사색

불안은 타고나는가?

늦여름은 아름답고 가을도 그러하다.

나는 명실상부하게 인생의 가을에 접어들었다. 갱년기라고 불리는 시절의 끝자락. 불안이라는 말을 타고 뚜벅뚜벅 꾸준하게 여기까지 왔다. 새로운 경치가 보이기 시작했다. 인생의 새로운 정경을 우아하게 즐기며 소감을 나누고 싶은 마음 한 자락과 더불어, 그저 게으르게 우울하고 싶어서 핑계를 찾는 사람 꼴이 되어 버린 것 같기도 하고.

나는 그런 상태가 너무 싫다. 싸고 흔한 '멜랑콜리'를 탐닉하며 시간을 낭비하고 싶지 않아서.

침구를 교체하고, 카우치 소파에 얹어 놓은 블랭킷을 바꾸고, 이것들을 세탁기에 돌리는 동안, 큰 패브릭들이 펄떡거리며 일으킨 먼지를 없애고자 청소기를 돌린다. 내친김에 물걸레질도 한다. 환절기의 행사다.

그러나 시간을 낭비한다는 건 뭘까?

'사는 것처럼 살지 않는다는 것이지!' 스스로 지체없이 묻고 대답한다.

의미를 부여하기 어려운, 딱 떨어지는 기분이 들지 않는, 자신을 속이고 있다는 느낌이 드는, 그런 순간에 시간을 낭비하고 있다고 여긴다. 어떤 사람은 이걸 '돈이 안 되는'이라고 하기도 하고 '아무 짝에 쓸모없는'이라 하기도 하고.

돈과 쓸모라. 그림을 그릴 때, 요리를 할 때 돈과 쓸모를 떠올려 본 적은 없다. 시간은 그러니까 적절하게 낭비되는 것이 맞다. 나는 적절하게 낭비되지 않는 시간이 일으키는 불쾌감을 '뭐라고 딱 떨어지지 않는'이라고 표현한 것이지. 한마디로 불안하되, 불안에 압도되지는 않은 상태가 필요하다.

어차피 움직이는 것, 변화하는 것에는 불안이 있다. 움직이지 않는 것, 변하지 않는 것은 죽은 것이니 살아 있는 동안은 불안의 회귀이자 순환. 커졌다 작아졌다 보이다 안 보이다 하는 불안과 함께 '적절히 시간을 낭비'하면서. 특히나 환절기에는, 게다가 인생의 거대한 환절기에는 크게 변화하고 먼지도 떨어지고. 먼지만 떨어지면 다행이게. 발밑의 땅이 흔들리는 경험을 하면서 허청허청 균형을 다시 잡고 가는 것이다.

다시 한 번 '불안은 타고나는가?' 묻는다. 오우, Yes!

인생의 여름날에 나는 머리 회전이 빠르고 (속절없다) 대담한 결정을 큰 고민 없이 내리면서 (멍청하고 용감했다) 내가 얼마나 불안에 취약한 사람인지 묻어 두었다.

어린 시절, 그러니까 이른 봄에 학교에서 달리기를 하려고 출발선에 서면 얼마나 떨렸는지, 생생하게 떠오른다. 나는 어마어마한 겁쟁이었다(왜 그때는 '땅!' 하고 총을 쏘았을까. 학교마다 그건 어디서 났을까. '출발!' 하고 외치며 깃발을 펄럭여 주었으면 훨씬 좋았을 텐데). 출발선에 서면 원래 떨리는 것이다. (인생이라는 계절의) 봄에도 그랬고 여름에도 그랬으니 지금이 가을이라고 새삼스러울 것은 없지만 한겨울에는 허허로운 대기에 울리는 '땅!' 총소리를 감당하기 한층 어려울 터. 노년의 겨울을 포근히 누리기 위해서라도 지금 불안과 더불어 살아가는 것을 잘 연습해 놓아야지.

'피곤한 자의식'이라는 아이돌 그룹이 있다고 치자.
불안은 미래와 연관되어 있고 죄책감은 과거에 붙어 있다.
무거운 자의식의 비밀은 "어쩌면 나는 '이것'(별것 아니지만 하나밖에 없는 '지금'의 이 인생!)을 가질 자격이 없는데, 라는 것이다. 여기에는 '그래서 잃을까 두렵다'는 미래에 대한 서술이 생략되어 불안으로 출렁이고 있는 것. 여기서 과거를 담당하고 있는 멤버가 바로 죄책감이다. 과거를 돌아볼 때 당연한 활동인 '반성'이 '오바'하면 죄책감으로 흑화하여 불안과 안무를 맞추어 난리법석을 떤다. 얘네들을 잘 관리하지 않으면 이 그룹은 망할 수밖에 없다.
불안과 죄책감은 대면하여 자세히 보고 관리 들어가야 한다. 네 자리는 거기까지야. '오바'하지마, 공연을 멋대로 다 먹어 버리지

마. 무대 뒤는 어두워서 보이지 않는다. 불안과 죄책감 돌멩이들이 석축인 양 쌓아 올려진 길모퉁이 저편처럼.
여기, 지금. 몸과 마음의 변화를 자세하게 써 보는 데서 시작하자. 이제부터는 그런 이야기를 해 보려 한다.

그림은 그런 마음으로, 말로 되어지지 않는 마음으로 그려 낸 것이다. 적절하게 시간을 낭비한 증거라고나 할까. 팔십 구십이 넘어서도 하루하루 재물의 운에 열렬히 일희일비하거나 다음 끼니에, 또 다음 끼니에 무엇을 먹을까 골똘하며 시간을 보란 듯이 아주 아주 후지게 낭비하고 싶지는 않다는 심정이 간절하다.

물멍
2021
42cm × 56cm

노랑색 블랭킷, 노트에서 쭉 뜯어낸 페이지 같지 않은가?
그렇다.
여자는 머리 모양이 다르지만 나다. 인생의 이 페이지가
푹신하고 따뜻한 담요 돗자리 같기를 바랐고, 편안히
'물멍'하고 싶었다. 못할 것도 없는데 왜 마음이 이리 일렁이나.

우리 동네, 목련과 제비꽃
2021
41cm x 53cm

체육관도 수영장도 문 닫은 시절, 운동하러 나가서 본
풍경들을 조합해 그렸다. 햇살과 목련, 비둘기와 제비꽃, 거리
공원에서 헛둘헛둘 운동하는 아주머니. 그러니까 봄,
봄이 기승을 부리는 코로나 바이러스 때문에 꽁꽁 닫힌
이곳에 변함없이 찾아와 준 것이 고마워서. 햇살이 삐친
내 마음을 조금 어루만져 준 것이 고마워서. 내 그림자 안에
제비꽃이 담겨 있다.

오렌지색 자루의 대걸레
2021
32cm x 47cm

그림 대걸레가 햇살 같다. 물걸레 지나간 자리가 햇살 닿은 듯 환하게 변하기도 하고. 평소 지저분하게 하고 사는지라.

식기세척기

2019

21cm × 30cm

'stay calm keep dishwashing'이라고 써 놓았네, 암요.

밸런스가 문제다
- 요리와 요가

삐끗, 휘청. 나이가 들어 가장 실감하는 변화는 균형 잡기가 어려워진다는 것이다. 중년 신체와 영혼의 화두는 뭐니 뭐니 해도 밸런스! 어딘가 이상하다 싶어 거울을 보면 고개나 어깨가 비뚤어져 있다. 음식을 하면 간이 잘 안 맞거나 분량을 너무 많이 (또는 적게) 만들었다. 말장난을 좋아하는 나는 요리와 요가에 관해 쓸 수 있겠다.

요가를 시작한 지 오래되었다. 20년은 된 것 같다. '그렇게 한 가지 운동을 꾸준히 해 왔다면 아주 잘 하시겠네요?' 하고 누가 묻는다면 '잠깐만요, 요가가 운동인가요? 운동은 움직이는 거잖아요, 요가는 가만히 있는 게 훨씬 중요한 수련이랍니다'라며 우선 질문에 토를 달고 난 다음, '올림픽 종목에 요가가 없잖아요. 그러니까 기량을 겨루는 경기가 아니랍니다' 하고 못을 박으련다. 결국 잘하지 못한다는 이야기입니다. 하아.

아주 오래 해 왔지만 런지나 한발 서기 같은 자세(아사나)를 안정적으로 만들기가 어렵고 어떻게 된 게 날이 갈수록 점점 더 비틀비틀. 허구한 날 골반 교정을 하는 데도. 힘을 '잘못' 써서 그런다. 힘을 '잘'못 쓰는 게 아니라. 힘의 배분을 잘못한다는 이야기.

젊어서 요가를 처음 접했을 때는 운동신경이 꽝인 내가 할 만한 운동이라며 쾌재를 불렀다. 유연성은 타고난 편이었기 때문에 이리저리 굽히고 늘리면 그럴듯하게 폼이 잡혀서 신이 났다. 온갖 비틀기도, 어깨로 머리로 물구나무서기도 척척. 이게 왜 안 돼? 속으로 으스대며. 지금은 그게 아무것도 아니라는 걸 알지만.

그나마 다행 아닌가? 역시 '난 안 돼'라고 초장에 집어치우지는 않았으니까. 지금의 나는 적어도 '균형이 깨졌다'는 건 잘 안다. 다행이지. 20년이나 걸려서 문제점을 알아냈다고 좋아한다는 건 지나친 '정신 승리' 아닌가 싶기도 하지만 균형이 쭉 안 맞았다는 것도 아니고 곧잘 맞추다가 잃었기 때문에 더 통렬히 알 수 있다는 것은 분명하다. 요가를 안 했으면 (균형 잡기에) 성공한 순간도 몰랐고 잃었을 때도 몰랐을 것이다. '어버버' 하면서 지나갔을 것이다. 다시 잡아보려고 되는 데까지 애쓰는 지금이 낫다. 아무렴.

한 평 매트 안에서 한 시간 남짓 시키는 대로 꿈틀꿈틀. 요가를 하다 보면 나도 남에게 복종하는 데 쾌락을 느끼는 면이 있다는 사실을 깨닫는다. 어깃장 놓는 데만 익숙한 성정인 줄 알았더니. 복종이 즐겁습니다. 복종 좀 하면 좋겠어요. 이 몸뚱이가.

불안의 대표적인 나쁜 점은 '가만히 있지 못하게' 한다는 것. 가만히 있을 수 있는 사람은 오해와 달리 게으른 사람이 아니라 힘 있는 사람이다. 자신의 힘을 통제할 수 있는 사람인 것. 몸통에 힘을 잘 가두고 하고자 하는 동작에 따라서 신체의 정확한 부분에 힘을 보내야 한다.

'고유 수용성'이라는 아름다운 단어를 뒤늦게 알았다. '고유 수용성'은 우습게 말하면 신체의 가려운 곳을 정확히 긁을 수 있는 능력이다. 이게 무슨 말인고 하니, 눈을 감고 누워서 어디까지가 내 손가락 끝이고 발가락 끝인지 자기 신체의 한계를 지각하는 능력이라는 말이다.

어디에 뭐가 달려 있다는 것을 알아야 가려운 곳을 긁을 수 있다. 외상으로 왼쪽 팔을 잃은 사람이 자다 깨어 미치도록 가려운 왼쪽 팔을 긁고 싶은데 불가능해서 절망한다는 이야기를 들어본 적이 있지 않은가. 환상통이다.

고유 수용성을 잃었을 때 나타나는 증상. 좌우가 바뀌어 보이는 거울 상자에 오른팔을 넣고 왼팔처럼 보이게 해서 (뇌를 속여서) 긁으면 가려움이 해소된다는 실험 결과를 본 적도 있다. 어디부터 어디까지가 나인지를 가만히 누워서 알 수 있다는, 너무 자연스러워서 능력 같지도 않은 그 능력이 있다는 걸 감사하게 되었다.

요가를 할 때 가만히 앉아 있거나 누워 있는 동작에서는 고유 수용성을 실감하고, 서서 움직일 때는 균형을 위해 힘을 나눈다. 온전히 자기 몸에 집중하는 시간이다(원래는). 현실은 그렇지 않다. 잠시 다른 생각을 멈추고 몸에 집중하다가도 잡념은 끊임없이 솟아난다. 나만 그럴까? 나는 그렇다. 생각이 꼬리를 물어 잠을 빼앗기고, 이미 결정한 사안인데 자꾸 다른 가능성을 떠올리게 되고, 부질없이 누구의 말과 행동을 곱씹어 보게 되고, 이미 잘 치러 낸 일조차 하마터면 큰일 날 뻔했다고 뒤늦게 몸서리치고, 도무지 명쾌한 결론이 나지 않으니 말이나 행동을 불쑥 해 버리고.

이 모두가 생각이 너무너무 많아 벌어지는 일. 과거의 나라면 '멍청하다' '지질하다'고 단칼에 쳐냈을 생각들. '우유부단'은 내게는 심하게 몸에 맞지 않는 옷이고 너무나 불편한 상태이며 노화의 결정적 증거다. 요가를 하면 실감한다. 몸이 젊음의 에너지를 잃어 비틀거릴 때, 생각은 잡념의 수렁에서 우유부단을 부글부글 끓이고 있다는 것을. 치료약은 없다. 노화는 병이 아니니까. 나는 이런 나를 견디고 살아가야 한다.

요가 수업이 끝나갈 때 강사는 언제나 불을 끄고 조용한 음악을 틀고 이완을 주문한다. 선생님이 아무 생각 말고 긴장을 풀라는데 나는 저런 생각을 했다. 지금 심장이 뛰고 맥박이 뛰는 것처럼 머리는 끊임없이 생각을 흘려보낸다. 어쩌겠는가. 생각도 피나 땀과 같은 것이다. 부러 멈추려 애써도 소용이 없다. 다만 나는 몸이 균형 상태를 기억하고 있는 것처럼 어디쯤에서인가 이거다 싶을 때, 고요할 때가 올 것을 안다. 나를 믿자. 먹어 본 놈은 맛을 안다. 나를 믿자.

끝없이 반복하는 일은 먹는 일.
요리를 하려면 내가 가진 재료를 떠올린다. 가자미에 레몬, 버섯볶음과 쌀밥. 토마토에는 파슬리, 셀러리와 새우. 너구리 라면에 파, 계란, 어묵이나 또 버섯. 평생 밥은 먹어야 하니까 요리하며 맛과 영양, 그리고 모양을 생각하듯이 요가는 내 평생의 운동이다. 한쪽이 기울었다면 다른 쪽에 무게를 얹으면 된다. 완벽히 지속되는 균형은 있을 수 없다. 전신의 밸런스가 무너졌다고 절망할 일이 아니야. 총체적으로 절망하고 총체적으로 열광하는 습관은 그만할 때가 되었어. 불안에 가장 근사한 스파게티 소스를 끼얹자. 집에 가서 밥 먹자.

〈다운튼 애비Downton Abbey〉의 말 타는 자매
2017
40cm × 51cm

• 푹 빠져서 본 영(국)드(라마) 시리즈다. 그림은 충성을 표현하는 방식이기도.

자전거 탄 엄마
2019
39cm x 52cm

균형. 업고 메고 이고 지고 싣고. 오르막길이라도 페달이 있으니까. 페달을 돌리는 탄탄한 근육, 탱탱한 생의 의지가 있으니까!

파프리카

2021

61cm x 46cm

유난히 추운 날 철원 주상절리를 본다는 핑계로 드라이브를
갔다가 공영주차장에서 팔고 있는 파프리카를 사 왔다. 철원이
파프리카 명소라는 사실을 처음 알았다. 이걸 사러 일부러
다녀온 것처럼 감명 깊게 먹었다. 눈으로도, 입으로도.

몸과 마음은 화합하라!
– 할 수 있어도 안 하는 경지

생각과 행동이 따로 놀 때가 많아졌다. 이걸 해야지 생각했는데 어느 결에 저걸 하고 있네.

홍대 앞길을 걷고 있었다. 날이 더웠다. 극동방송국 쪽으로 길을 건너려는데 횡단보도는 좀 멀었다. 차도에는 차가 하나도 없었고. 무심코 차도에 발을 디뎠다. 무단횡단의 의도가 있었다기보다 그냥 아무 의도가 없었다. 기운도 없었고. 내가 가로질러 건너려는 도로에 경찰차가 다가오고 있는 것이 보였다. 아무리 무단횡단을 대수롭지 않게 여긴다 해도 경찰차가 보이면 하지 말아야지, '아, 경찰차다!' 빤히 보면서 차도로 내려서는 걸음은 뭔가.
한 박자 늦게나마 경찰이 있는데 여기서 길을 건너려는 거냐? 머릿속에 경고등이 켜졌다. 그러면 얼른 뒤돌아 인도로 올라서든지, 저쪽 편이 가깝다 싶으면 총총 뛰어 가야 하거늘. 인간인가 한밤의 고라니인가. 나는 차도 한가운데 우뚝 서 버렸다.

경찰차가 나를 피해 쓱 지나치는데 그냥 가기는 뭐했던가 보다. "무단횡단 하지 마세요." 사무적인 한마디가 스피커를 통해 낭랑히 흘러나왔다. 그러고는 이내 사라졌는데 그 말을 들은 나는 차 꼬리가 잘 보이지도 않는 방향을 향해 고개를 숙여 까딱 목례를 하고 있더라. 스스로도 어이가 없어 '뭐지 이건? 감사와 사죄의 표현인 건가' 생각하며 길을 마저 건넜다.

길에 우뚝 선 건 고라니이고, 보이지도 않는 공권력을 향해 고개를 숙인 건 어이없는 인간이고, 뭐지 이건? 하며 길을 건넌 건 제정신을 차린 인간이니 2초나 3초쯤 되는 그 순간에 나는 세 번이나 변신했던 것이다. 아무 생각 없음, 반사적 행동, 뒤이어 생각이 도착하여 합리화(사죄와 감사의 표현이지!), 마지막에 감정(누가 보았을까, 창피하다).

어처구니없는 예를 들었지만 비슷한 일이 비일비재하다. 생각과 행동이 따로 놀아 어떨 때는 혼자만 알아 넘어가고 어떨 때는 들켜서 같이 웃고. 명백히 노화 현상이다. 몸과 머리의 커뮤니케이션이 원활하지 않은 것이다. 내 몸, 내 머리인 데도 그렇다.

하물며 타인은 깊은 어둠이다.

어쩌다가 이렇게까지 되었을까. 그 사람은 과연 어떤 생각을 했단 말인가. 실망에 배신감이 더해져 괴롭고 허무할 때가 있다. 이런 경우에 크게 위로가 되었던 말. "할 수 있으니까 했겠지." 이상하게 수긍이 갔다. 그렇구나.

우리는 타인의 의도를 중요하게 여기지만, 그래서 자기 깜냥에 이해할 수 없는 일들을 이해해 보려고 애쓰지만, '이해'는 닿을 수 없는 별 같이 멀리서 깜빡일 뿐. 당하는 사람은 물론이고 하는 사람도 잘 모른다. 사실 사람은 어떤 행동을 할 때, 어떤 말을 할 때, '그럴 만하니까'로 '퉁쳐지는' 이유, 그러니까 할 수 있으니까 해 버렸을 뿐, 일의 경과나 결과를 깊이 고민해 보지 않는다는 것. 사람은 그렇게 생겨 먹었다는 것.

그 사람이 그토록 사랑하는 나를 떠났다는 것은 나를 떠나서도 살 수 있으니까, 떠나는 게 어렵지 않으니까 간 것이다. 이렇게 생각해야 대체로 속도 편하다. 이러니 할 수 있어도 안 하는 사람이 참 귀한 사람이다. 전에는 '저걸 하네, 우와!' 하고 자극을 받아 방방 뛰었다면 이제는 할 수 있어도 안 하는 사람의 품위에 감탄한다. 그건 '할 수 있으니까 한다'라는 본성(?)에 반하는 수련 끝에 도달 가능한 경지라고 생각한다.

전갈처럼 효과적으로 상처 주는 기술을 가진 사람이 있다. 엔간하면 쏠 법한데, 미안, 나는 전갈이야 몰랐니? 할 법한데, 순순히 동행하여 물 밖으로 나온 뒤에는 뒤도 안 돌아보고 사라진다. 으아, 멋있어.

남 말만 할 것이 아니라 나도, 좌중을 웃길 만한 재미있고 시니컬한 농담이 떠올랐을 때 그게 타인을 소재로 한 것이면 일단 포기한다. 재미있는 사람보다 무해한 사람이 되기로 한 결심이다. 희미한 사람이어도, 파티에 초청받지 못할 사람이어도. 괜찮아, 너 어차피 감 떨어졌어. 그 말 해서 웃기지도 못했을 거야. 중얼거리며 돌아가는 사람.

한강 노들섬의 시민들
2020
46cm × 62cm

장마, 종각에서
2020
46cm × 62cm

역병이 창궐하는 세상에 찾아온 8월의 늦은 장마. 그해의 비는 모든 것을 때려 부술 듯, 떠내려가게 할 듯 대단했다. 일요일 점심때 비가 그친 종각 거리는 평온하게 반짝여서 거짓말처럼 아름다웠다. 유래 없이 갑갑한 고3 수험생 시절을 보내고 있던 둘째 아이가 '아무렇지 않은' 제 아비와 함께 걸어가고 있는 모습. 두 사람의 어깨가 서로 닮아서 넓다.

전동 킥보드를 탄 연인
2020
46cm × 62cm

여의도에서 영등포로 건너가는 다리의 이름이 '서울교'였다. 이렇게 작은 다리가 수도의 이름을 공식적으로 선점했다니 신기했다. 형광 멜론색 커플룩을 맞추어 입고 킥보드를 타고 가는 젊은 연인이 예뻐서 눈으로 쫓다가 다리의 이름을 알았다. 건너편 영등포를 환상적으로 다시 보게 만드는 절정의 가을날, 황혼 직전의 시간.

얼굴

'균형을 잃고 비틀거린다'고 '몸과 마음이 따로 논다'고 몸 이야기를 했으니 이번에는 얼굴 이야기를 해 볼까. 노화에 따른 변화 이야기를 하면 대표 선수격인 '얼굴' 이야기를 안 할 수 없지. 할 말이야 많지만, 자, 어디에서 시작할까.

글쓰기가 부담스러워졌다. 재미가 적어졌다. 실제 인생에는 기승전결이 뚜렷하지 않은데 이야기로 가공하면서 기승전결을 먼저 생각해 버릇하니 갑갑하고 가짜 같구나 싶어서. 재미없는 일을 시작하기가 어디 쉬운가? 하물며 그 일을 지속하기란. 애초에 왜 기승전결에 연연하지. 난 누굴 설득하려고 글을 쓰는 게 아닌데. 그림을 그리는 일이 내게 즐거움을 주는 이유는 이러저러한 절차와 결과를 고민하지 않고 즉각적으로 시작하고 결과를 즐길 수 있기 때문이다. 자, 자, 얼굴 이야기로 돌아온다. 연결된 이야기다.
얼굴은 기승전결 서사 없는 자기소개서다. 누구의 얼굴을 보고 받는 느낌은 쉽고도 명확하다. 영어 Face를 생각하면 더 확연하지. Face는 명사로는 '얼굴', 동사로는 '직면하다'라는 의미다. 명사 동사 두 가지 모두 쓰인다. 거울의 내 얼굴, 살면서 보게 되는 남의 얼굴, 마주침의 순간을 떠올려 볼까? 즉각적으로 기뻐하거나 놀라거나 피하고 (동사) 그렇게 하고 싶게 만든다 싶은 쇠약함이나 추레함을 발견하는 대상(명사)인 것. 그래서 '우린 얼굴 한번 보자'. '낯짝 한번 봤으면 좋겠네'라고 말하지.

미인의 비애

라고 썼지만 사실 미인의 비애 따위 모른다. 나이 들수록 왕성해지는 주특기인 '감정이입'으로 짐작해 볼 뿐이지.
남녀공학의 불문과, 대학 시절에 같은 과의 예쁜 동기들과 어울려 다니면서 즐거웠다. 함께 다니면 재미있는 사건도 많이 일어나고 덩달아 힘이 센 무리에 속해 있다는 자부심도 충전되니까. 아름다움이 권력이던 인생의 어느 국면.
그중에서도 군계일학으로 예쁜 친구가 있었다. 캠퍼스에서 '미쓰 85(학번)'로, 어느 학교에나 있는 그 학교 '브룩 실즈'로 불리던 내 친구. 졸업 25주년 행사가 크게 열린 적이 있다. 옛날처럼 그 친구와 동행했는데 어쩌면 좋아, 쉴 새 없이 민망한 경험을 했다. "와, 세월이 정말 많이 갔구나, 너를 보니." 요약하면 이런 반응이 이 친구를 대하는 거의 모든 남자

동창들에게서 흘러나왔다. 젊은 시절의 아름다움에 즉각적으로 반응했던 유전자 XY들이 대동소이하게 즉각적인 한탄을 읊어 대는데 말릴 수가 없었다. 말려지지가 않았다. 그들도 무슨 말을 하고 있는지도 몰랐겠지. 그들은 각자 한 번 씩이지만 듣는 사람은 줄창. 객관적으로 그 친구 모습이 자기들의 몰골보다, 그 자리 다른 누구보다 나은 상태라는 것이 방어막이 되지 못한다는 사실을 느꼈다. 여기서 미인의 비애를 조금은 실감했다.

TV에서 예쁜 얼굴이 보인다. '박주미구나. 여전히 예쁘네.' 생각이 술술 흘러나온다. 먼 옛날 박주미 양과 마주 앉은 적이 있다. 아니 나란히 앉아 있었다. 왜 이리 자신 있게 자리 위치까지 기억하는고 하니, 그녀 옆에 앉아 있다는 것만으로 강렬하게 무안을 당했기 때문이다. 오디션은 아니고 곧 제작에 들어갈 영화 캐스팅을 위해 이런저런 후보자들에게 연락해 한 명씩 불러서 가볍게 미팅을 하는 자리였는데 박주미가 왔다.

영화 출연은 한 적이 없지만 아시아나 항공사 광고로 얼굴이 막 알려지고 있던 시기. 만나 보니 미인이 발에 치이는 충무로에서도 실제 모습이 정말 예쁜 친구였다. 박양이 약속 시간에 조금 늦게 왔었던 기억. 그녀가 들어서자 좌중이 환해지면서 기다리는 동안의 불평(신인이 말이야) 따위는 쑥 들어갔다.

불평은커녕 "길이 많이 막히죠?" 같은 앞서서 배려 돋는 훈담이 쏟아지니 예쁜 박주미 양이 예쁜 입술을 열어 "아니오, 신호등 빨간 불 들어올 때마다 수학 문제 하나 풀 수 있어서 좋았어요, 제가 재수생인데요, 수학 좋아하거든요"라고 말했다.

기특, 갸륵하구나 생각했고, 그 뒤 무슨 이야기가 더 돌고, 스케줄을 확인하다가 잠깐 대화가 끊긴 순간이 있었다. 감독님이 분위기 살린다고 '한 말씀' 하셨다.

"황실장은 미팅할 때 배우 옆에 앉지 좀 마요. 비교되니까."

'황실장'은 고색창연한 여관 이름이 아니고 나다.

우리 다 같이 웃긴 했는데, 물론 나는 무안했다. 마침 사장님이 "장르가 다른데 뭘 비교요" 첨언했고 그렇게 넘어갔다. 별로 대단치 않은 이 기억에서 의미가 있는 부분은 내가 그 와중에 '박주미가 당황스럽겠는데'라고 생각했던 부분. 나는 무안하긴 했지만 전혀 상처받지는 않았고. 박주미는 이런 일을 얼마나 많이 접했고 앞으로도 그럴까 하는 생각이 들었다. 이유 없이 곁의 사람을 오징어·꼴뚜기 만들어 버리면, 그런 사람이 한둘이 아니고, 오징어·꼴뚜기가 자신에게 영향력을 끼칠 수도 있는 위치의 사람이라면 더 그렇겠지. 미인의 비애로다.

얼굴이 한순간에 파악되는 자기소개서다 보니 소위 '얼평'이 왕성하고 이에 대한 스트레스가 극심하다고들 한다. 성형수술과 시술이 거대산업이 된 지는 이미 오래고. 나는 성형의 흔적이 극심한 얼굴을 보면 얼굴의 대칭과 형태가 주는 심미적 만족감보다 '얼마나 아팠을까' 하는 생각이 먼저 떠오른다. 수술 자체의 통증이야 각자의 내성이 다르니 별로 언급할 것이 없지만 저렇게 큰 수고와 비용을 들일 가치가 있다고 판단할 만큼 자신이나 주변의 불안이 강했구나 싶어서 마음이 안 좋아진다.

안 그래도 갱년기 절정에 푹푹 늙느라 힘든데 엎친 데 덮친 격으로 어려운 일이 생겨 마음이 한참 곤란했을 때, 미간 주름에 필러 좀 찔러 넣으면 훨씬 보기 좋아질 거라 귀띔해 준 이가 있었다. 평소답지 않게 그 말이 귀에 쏙 박혀서 동네 피부과를 찾아갔다.

필러 한 방? 30만 원이면 미간에 새겨진 이 근심의 흔적이 사라진다고? 그러면 기분전환이 되겠네, 싶었다. 오호라, 나의 무지여. 이 정도 깊이면 필러 한 방으로는 티도 안 나고 주변에 보톡스를 대여섯 방 주입하고 필러를 넣어야 한다고 했다. 견적이 대폭 올라갔지만 어렵게 걸음 했으니 끝을 보자 싶어서 권유 받은 대로 했다. 뭐가 되었든 새로운 세계를 경험하는 거니까.

한 달인가 지나서 리터치(?)까지 받고 보니 미간은 팽팽하다 못해 봉긋해졌다. 사람들은 의외로 말하기 전까지 변화를 몰랐으나 내 기분은 괜찮았다. '돈 값했네'라는 만족감과 '경험치 누적'이라는 보람이 따랐으니까. 날은 덧없이 흘러 필러는 꺼지고 미간 주름은 제자리로. 이것이 예상했던 결말인데, 어라? 어느 날 세수하고 거울을 보니 한쪽 눈썹 위가 봉긋했다. 흠칫 놀랐다. 필러로 주입한 내용물이 돌아다니고 있는 것이다! 보톡스로 긴장시켜 놓았던 근육이 시나브로 풀려 지지대가 헐거워져서일까? 다른 기전이 있는 건지 어떤지는 확실히 몰라도 하여간 봉긋한 부분이 (미간 사이가 아니라) 오른쪽 눈썹 위에 불쑥.

아프지는 않았다. 앞머리를 내려 가렸다. 눈썹을 덮는 뱅 BANG 헤어가 잘 어울린다는 사실을 알게 되었다. 잡아 주는 기운이 빠지면 알맹이가 돌아다닐 수 있다는 사실의 발견이 새삼스럽지는 않았다. 그게 세상 이치지. 새로운 경험은 한 번에 족하나니, 성형중독은 피해 갔구나. 앞 머리카

락 아래서 조용히 눈썹 주변을 돌아다니던 조그만 혹 주머니는 어느 날 사라졌다. '생긴 대로' 살자, 아니 시간의 흐름에 따라 '생겨지는 대로 살자'는 결심이 안달 없이 조용히 내려앉았다.

빨간 머리 (여우를 품에 안은)

2017

23cm x 31cm

빨간 머리 (여우를 품에 안은)

빨간 머리 (머리 위에 여우)
2017
23cm x 31cm

마스카라 짙게 한 여자
2018
16cm x 22cm

아크릴 판 위에 매직펜으로 그렸다. 색종이를 투명 아크릴판 아래 공책에 붙였다.

기린 그린 그림 자목련
2018 **2020**
30cm x 46cm 18cm x 25cm

오리와 닭
2019
52cm × 38cm

영화 〈더 페이버릿The favorite〉의 감상문으로 그린 그림. 그러나 그림이 꼬박꼬박 일상의 일들과 대응관계가 있다는 것은 너무 1차원적인 것이지, 사실. 원시시대 예술도 아니고. 닭과 오리를 그리면서 좀 전에 극장에 가서 본 궁정의 허세 가득한 왕족과 귀족 들을 떠올렸다는 정도.

산악인의 얼굴

– 넘겨짚기

〈내셔널 지오그래픽〉 잡지에서 한 페이지를 가득 채운 강렬한 얼굴 사진을 보았다. 산악인의 얼굴이라는 캡션이 달려 있었다.

공포에 넋이 나간 눈빛, 고드름 녹은 물인지 콧물·침·눈물 등을 주렁주렁 매달고 초췌한 이목구비를 한 컴컴한 중년 남자의 얼굴.

조난자로구나, 했는데 히말라야 고산 등정에 '성공'한 사람의 얼굴이었다. 여기서 나의 넘겨짚기 신공 1차 실패. 이어지는 기사를 읽기 전에는 이 지경의 얼굴이 되도록 온갖 고난을 겪어 낸 끝에 성공했으니 뿌듯한 감격의 소회가 이어지겠구나 했다. '등정에 나선 것을 깊이 후회 한다'는 인터뷰 내용이 이어졌다. 넘겨짚기 2차 실패.

경험치가 쌓일수록 넘겨짚기가 잦아진다. 짐작이야 그냥 떠오르는 것이지만 넘겨짚기에는 '판단'이 들어가 있으니

틀리면 당황스럽고 자칫하면 망신이다. 주의가 필요하다. '이건 모르는데?'로 출발했을 때 호기심이 솟을진대 '이러 이러한 것이지' 해 버리고 나면 영감과 의욕을 일으켜 줄 출발점인 호기심의 불씨는 '피유~' 꺼져 버리고.

그래서 나는 한편으로 내 어림짐작과 예상이 빗나가는 순간을 사랑한다. 목표에 도달하는 성공을 거두고 그래서 아주 아주 오래오래 행복하게 살았습니다. 이것만이 만족스러운 결말인 것인가? 그렇지 않다고 생각한다.

'실패해도 괜찮아' 하는 이야기가 아니다. 실패했는데 어떻게 괜찮아? 대미지가 크고 회복에 오랜 시간이 걸리겠지. 그러니 실패는 성공의 어머니라는 말을 하고 싶은 것이 아니다. 저 까마득한 정상에 오르는 루트가 여러 가지 있듯, 거기 오르는 사람이 극복한 기후나 위기가 다양하듯, 성공을 누리는 방식도 여러 가지가 있을 것이다. 징글징글한 후회라는 것도 나는 그중의 하나라고 생각한다.

넘겨짚기는 나쁘고 산에 가는 것은 좋다고 생각한다. 넘겨짚기를 일삼는 사람은 저런 높은 산에 갈 수 없다. 매우 드문 사진 속 얼굴의 주인공이 될 수도 없고. 오늘도 나는 자주 넘겨짚고 얕은 산이나 깔짝깔짝 다니지만 이것은 안다.

올빼미, 말과 인간, 사자, 침팬지
2018
38cm x 49cm

7월 이미지　　　초여름 비 개인 뒤 산 아래 마을
2020　　　　　　2020
39cm x 52cm　　52cm x 38cm

논게, 달팽이, 나비. 가벼운 것들이 움직이는 소리가 들릴듯한 고요함, 청량함을 그림.

최강 동안
– 이선희와 이정희

앞에서 미인의 비애를 말했는데 모두가 부러워하는 '동안'의 경우는 어떨까?

동안. ① 어린 사람의 얼굴.
　　　② 늙은 사람의 어려 보이는 얼굴.

미인이 모두 동안인 것은 아니다. 미인과 동안의 소유자는 쉬이 부러움을 산다는 점이 같을 뿐. 알다시피 동안은 동그란 얼굴 형태, 큰 눈, 짧은 인중과 턱으로 인수 공히 새끼 동물을 연상시키는 '귀여운' 얼굴이다.
경계심을 풀어 버리고 그 자리에 연민과 보호본능이 대신 들어서게 하는 진화의 산물. 우리 모두 한때는 ①의 의미로 동안이었으나 ②의 뜻으로 지속되는 동안을 소유하지는 못하는데, 그런 사람들이 좀 있다. 예를 들자면 이선희와 이

정희.

우리나라에는 정말로 많은 (이)선희와 정희가 있지만 가수 이선희와 전 대통령 후보이자 변호사 이정희는 내 보기에 참으로 막강 동안을 가졌다. 연예인과 정치인으로 이미 유명한 두 사람을 떠올리면 자동적으로 연상되는 얼굴과 함께 오는 느낌은 '카랑카랑 하구나!' 두 사람의 기구하고도 화려한 인생사를 줄줄 읊고 싶은 생각은 없다. 검색하면 다 나온다(사실 검색을 해 보다가 좀 놀랐다. 어렴풋이 알고 있는 것보다도 훨씬 드라마틱하다).

이선희는 노래하는 목소리가, 이정희는 그 유명한 "다카키 마사오!" 발언의 여운이 특히나 카랑카랑한데 그 점이 이들의 커리어에 지대한 영향을 주었음이 분명하다. 귀여운 얼굴에 안심하고 있다가 '어머낫, 깜짝이야!' 하는 반전 효과가 어마어마한 것이다.

근황을 검색하다가 이정희가 《혐오 표현을 거절할 자유》라는 제목의 책을 낸 것을 알았다. 오랜만에 그의 얼굴(사진)을 보았다. 욕이란 욕은 다 먹고 대중의 시야에서 사라졌던 사람의 해맑은, 여전히 동그란 얼굴이 보였다. 다카키 마사오의 딸 박근혜를 떨어뜨리려 대통령 선거에 출마했다는 발언으로 이 쪽에서 욕먹고, 통합 진보당 깼다고 저 쪽에서 욕 먹고. 거센 미움의 돌풍에 휩쓸려 무대의 이면으로 쫓겨난 사람이 여전한 동안으로 웃는 모습이 나의 넘겨짚기를 또 즐겁게 배신했다.

'혐오 표현을 거절할 자유'라니! 이거야말로 욕하는 상대방에게 '반사!'라고 외치며 손바닥을 들어 올리는 경쾌한 몸짓이 아닌가. 여론의 뭇매에 정신이 나가 흐리멍텅해지지 않고 '쨍'하구나 감탄했다. 그이가 정치인이나 연예인이 아니라는, 동안을 하고서 사랑해 달라고 말할 이유도 필요성도 없는 사람이라는 점이 특히 마음에 든다.

이선희 역시 최근 모습을 TV에서 보았다. JTBC 〈싱어게인〉의 심사위원으로 나왔더라. 〈싱어게인〉이라는 오디션 프로그램의 부제가 '무명가수전'인데 정작 데뷔 이후 한순간도 무명이었던 적이 없는 이 사람이 공감 능력이 단연 크고, 멘토로서도 돋보였다. 히말라야 봉우리를 여러 개 올라갔다 내려온 사람 같은, 남다른 삶의 궤적이 없었다면 어디.

두 사람의 팬이(었)냐고요? 그건 확실히 아닙니다. 굳이 말하자면 노안 쪽을 선호합니다! 게다가 나는 성인이 된 이후에는 정치인이든 연예인이든 누군가의 팬이었던 적이 없는 것 같다. 내 연약한 자아를 더 큰 타인의 자아(이미지)에 위탁하고, 같은 취향의 사람들에게 소속감을 갖는 것. 팬덤의 속성일 텐데, 나는 스타에게서 연약하고 불안한 사람을 먼저 본다. 그의 매력과 성취가 아무리 크다 해도.

동안이니 미인이니 '시대의 얼굴'이 있는 것 같다. 동시대 사람들의 마음을 사로잡는 매력을 구현한 얼굴. 선망받는 얼굴. 황신혜라든지, 전지현이라든지, 이나영이라든지.
내가 알기로는 가장 오랫동안 현역으로 영화 현장에서 일했던 서정민 기사님(2015년 작고)께 "누가 제일 예뻐요?" 물어보았던 적이 있다.
촬영감독이라는 호칭이 요즘 예우에 맞지만 '기사님'이라는 호칭이 나는 더 친근하다. 장인을 우대(?)하는 호칭으로 느껴진다. '기사님, 기사님' 하면서 현장의 거장들을 쫄래쫄래 따라다니던 향수가 있어서인가? 하여간 내가 옛날 사람이라서.
각설하고 1960년대 이만희 감독 영화들부터 2000년대 '여고괴담' 시리즈까지, 50년 가까이 뷰파인더 뒤에서 수없이 많은 미인의 얼굴을 요모조모 뜯어 보며 관찰했던 서정민 기사님의 대답은 과연? 별 망설임 없이 "얼굴은 윤미라지!"

한마디 툭.

그 말을 듣고 나와 동료들은 우헤헤헤 웃었다. 서정민 기사님은 빠른 1934년생, 윤미라 씨는 1951년생. 내가 이나영 얼굴을 최고로 치는 것과 약간 비슷한 듯. 내 젊음은 지나가는 중이지만 내가 다른 사람의 아름다움을 누리는 감각은 최고조에 달했을 때 만나지는 아름다움이 표준으로 자리 잡는 것 같다. 40대에 20대를 보거나 50대에 30대를 보거나. 조금 더 나이를 먹으면 꽃이나 동물이 최고로 예쁘다고들 한다지.

요즘은 누가 미의 대명사로 불리나요? 수지까지는 팔로우가 되는데. 아이한테 물어보았더니, 예쁜 사람은 너무 많지만 대세 얼굴 같은 건 없단다. 이건 우리만 그런 게 아니라 할리우드도 마찬가지의 경향인 것 같다. 그래서 결론적으로 이 시대의 얼굴은 개성 있는 얼굴, 맥락 있게 예쁜 얼굴. 이건 좀 막연하죠. 하지만 미의 기준은 막연한 게 나은 거 같아.

자기가 자기 모습을 볼 때 저 높고 형형한 절대적 미의 화신들에 세뇌된(?) 시각으로 우울해하는 건 너무 별로니까요. 누가 뭐래도 나는 내 얼굴이 좋다, 긍정적 마인드! 이런 건 제정신이면 애초에 불가능하고. 어느 날은 흐뭇하고 어느 날은 '에구, 밉상이네' 하기도 하고. 못 봐주겠다 이런 생각은 안 듭니다. 나라도 봐줘야지. 늙어서 미워졌다 그런 건 없어요. 나도 남도 늙은 대로 예뻤다, 미웠다 하는 거지요.

연희동 안산 꽃비	고분 속의 여인
2021	2017
40cm x 50cm	30cm x 39cm

캔버스에 아크릴릭만으로 그렸다. 2016년 '여인의 초상'보다 조금 노련해진 느낌인데? 얼굴도 한국인이고. 무엇 때문에 나는 이 그림에 고분벽화라는 제목을 붙였던 걸까. 검은 고양이는 왜 안겨 놓았고. 시간은 무덤처럼 내 기억을 봉인해 버린다. 덕성스러운 얼굴이건만!

초록색 머플러의 몽골 소녀　　　보라색 여자
2019　　　　　　　　　　　　　2018
32cm × 48cm　　　　　　　　　 21cm × 30cm

서지현 검사
2018
32cm × 47cm

'미투운동'의 시작, JTBC와 역사적인 인터뷰를 한 용감하고 똑똑한 서지현 검사. 직후에 한달음에 그렸다.

이빨
이야기

이빨 이야기로 이빨 좀 깔까 싶다.

이를 생각하면 서글프다. 강철도 씹을 나이라는 말이 있지 않나. 한창때를 지나니까 이가 반갑지 않은 존재감을 자주 과시한다. 한 사람의 인상, 웃음의 모습과 색깔을 결정하는 건 사실 이빨이었다는 사실을 깨닫는다. 아기들이 모두 비슷하게 순수해 보이는 건 이빨이 하나도 없어서고 노인들이 아기와 비슷하게 보이는 것도 이가 없어서지.

이는 불안 심리의 바로미터이기도 하다.

이가 떨린다, 이가 갈린다, 그런 말을 쓰지 않나. 뭐가 잘못되려면 나는 아련하게 이가 불편해지기 시작한다. 불안한 꿈의 절정은 이가 빠지는 꿈이다. 꿈에서 나는 이를 뱉는다. 새하얀 이가 끝도 없이 쏟아진다. 받아 내는 손바닥이 수북해지도록. 요새는 좀 덜 꾸는데 어린 시절, 젊은 시절에는 그랬다. 흔히 이가 빠지는 꿈은 부모님이 돌아가실 징조라고 말하는데, 어릴 때야 부모님이 돌아가시는 게 최대의 무서움 아닐까? 그러니까 그 꿈은 나 말고도 꽤 많은 사람이 꾸는 꿈. 꿈에서 이가 빠지는 불안하고 불길한 기운을 보호자의 안녕과 연관시키는 것이지. 나이가 들어 부모와의 이별이 현실화 되고 실감이 날 즈음에는 이가 빠지는 꿈도 덜 꾸고.

나는 이를 열심히 닦는 편이다. 죽을 때 뭘 가지고 갈 수 있는 건 아니지만 하여간 직전까지 가지고 있을 수 있는 걸 하나 고르라면 내 이빨을 최대한 많이 가지고 죽고 싶다. 자기 이빨이 구강을 꽉 채우고 꽉꽉 먹다가 할 말 다하고 돌아가시는 분 사실 없지 않나. 그러니까 그냥 한낱 소망이고 꿈이지.

우리 아빠는 짧게 앓고 급작스럽게 돌아가셔서 자식으로서 아쉬운 점이 한둘이 아니지만 본인에게 여쭈어 볼 수 있었다면 아마 이빨 이야기를 하실 것 같다. 그 외에는 아빠 입장으로 대입해 놓고 생각하면 별로 아쉬울 게 없을 듯하다. 참 잘 사시고 잘 돌아가셨다. 하느님, 감사합니다. 너무너무 슬프긴 하지만요.

낙향하여 살던 아빠는 연말연시를 자식들과 함께 보내려

고 상경했다. 명절을 서울에서 쇠는 건 아빠 노년의 전통이었다. 서울 오기 직전에 1년 여에 걸친 임플란트 대장정을 (전북 고창의) 치과에서 마치고 설쇠고 돌아가면 바로 새 이를 끼워 넣을 수 있도록 약속을 잡아 놓은 상태였다.

서울에 와서 정형외과에 갔다가 병환(폐암)을 발견하고 이미 손을 쓸 수 없는 상태라는 걸 알게 되었다. 차마 본인에게, 뼈까지 전이된 암의 병증을 퇴행성 어깨질환 정도로 알고 계신 아버지에게 곧바로 알려드릴 수는 없어서 입원하게 되면 말씀드리기로 정했다. 나와 남편, 두 남동생, 올케들 모두가 망연자실 한 채 각자의 정보력과 인맥을 총동원하여 입원실을 구하려고 초조하게 동분서주했으나 쉽지 않았다.

그러던 와중에 엄마에게서 SOS가 왔다. 외출복을 차려입은 아빠가 배낭을 메고 지금 현관에 서 있다고 했다. 이렇게 기다리느니 고창 내려가서 임플란트나 끼운다고. 한달음에 홍은동 집에 가서 '되나캐나' 아빠를 뜯어말렸다.

아빠 어깨는 지금 안 고치면 영영 굳는데 병원 스케줄 잡기가 어려워 고생하고 있다고, 치과 의사한테는 새해 어느 날에 간다고 이미 알렸다고. 고창의 치과의사와 미리 짜고 천천히 오시라고 의사가 직접 말하게 했다.

그리고 일각이 여삼추로 입원을 기다리는 며칠 동안, 나는 줄줄 울면서 최선을 다해 아빠가 좋아하는 음식들을 가져다 날랐다. 소화 기능이 무사했고 고통은 마약성 진통제로 그럭저럭 잠들어 있던 정말 짧았던 나흘 정도의 시간.

민물매운탕, 추어탕, 초밥, 킹크랩. 제일 잘하는 집에서 제일 맛있는 상태로 드리려 애썼다.

나와 남편, 손주들, 엄마와 둘러앉아 킹크랩을 나누어 먹을 때가 생각난다. 우리는 이전처럼, 무사했던 시절처럼 최대한 시끌벅적하게 유쾌하게 식사 분위기를 유지하려 고투 중이었다. 잘되지는 않았지만.

아빠는 늘 하던 버릇대로 솜씨 좋게 게살을 발라 각자의 앞접시에 부지런히 공급해 주었다. 아빠처럼 생선 살을 잘 바르고 게살을 깨끗하게 꺼내 주는 사람은 이 세상에 없다! 우리도 버릇대로 아기 새들처럼 날름날름 게살을 받아먹다가 "아빠, 아빠도 좀 더 드시지" 했더니 아빠가 형편없이 덜그럭거리는 임시 치아를 혀끝으로 쑥 밀어 내 보여 주시며 "이러니 먹겠냐? 이것만 멀쩡했으면 벌써 나 혼자 다 먹었다!"고 일갈했다.

그 후에 벌어진 일들, 내 일기장에 소상히 기록한, 보름 남짓, 아빠와 보낸 마지막 날들. 그날들의 일을 여기 일일이

다시 적을 필요는 없지만 아빠, 나는 정말 몰랐어요. 희망이 덧씌워진 사랑은 얼마나 어리석을 수 있는지를요. 입원해서 정식으로 진단을 받고 방사선 치료를 하면 고향에 한 번 다녀올 시간 정도는 허락될 줄 알았어요. 아니, 어쩌면 이 판국에 임플란트가 무슨 소용이며, (완불하신) 1000만 원이 대수인가 멋대로 생각했어요.

실제로 입원 초반에 아빠가 "임플란트 괜히 했네, 에이 씨" 했을 때 "아빠, 무슨 소리야. 끼우면 되지. 한 번을 써도 아까울 게 뭐 있어, 아빠 돈이고 아빠 이인데" 했죠. 아빠는 서글픈 그러나 확고한 어조로 "네 말이 맞다" 했고 병문안 손님을 맞을 때 틀니를 찾아 최대한 흉한 모습이 안 보이도록 노력했고.

그런 노력이 가능했던, 의식이 있었던 시간도 겨우 1주일 정도. 섬망과 얕은 잠에 다음 1주일 시달리다가 이내 깊은 잠에 빠져 영원한 안식에 들었지요. 틀니를 빼고 아기 같은 얼굴이 되어 온순하게. 아, 고향에 모시고 갈 것을! 1000만 원짜리 임플란트를 끼우고 고창 단골집에서 풍천장어를 드시게 할 것을! 마지막 인사를 전하는 사람들 앞에서 희고 눈부신 이를 보이며 웃을 수 있게 해 드릴 것을!

살아갈수록 현재를 감각하며 누리는 일이 다다, 과거와 미래는 이 현재를 부축하고 부추기는 것으로 족하다라는 사실을 실감한다. 옳고 그르고의 문제가 아니라 그것뿐이지 싶다.

외부에 실재하는 세계는 보고 듣고 냄새 맡고 만지는 행위로 나에게 틈입한다. 하나 그것만으로 생존할 수는 없다. 광합성을 할 수 없는, 동물인 우리는 이로 자르고 부수고 갈아서 밀어 넣기까지 하며 저 외부를 나로 만들어서 산다. 바깥의 저 세계가 내게로 들어오는 방식이 그저 눈을 뜬다, 귀를 연다 정도의 1차적 행동이라면 맛보고 삼키는 이 감각은 그 이상의, 나의 적극적인 액션을 요구하는 감각이며 에너지를 만들어 내는 유일한 방도다. 보고 냄새 맡는다고 '내'가 되지는 않는다. 먹어야 '내'가 된다.

이빨은, 없다고 죽지는 않지만, 없으면, 방금 생겨난 존재이거나 금방 사라질 존재라는 사실을 만방에 알려 준다. 이빨은 기능적으로 상징적으로 그리고 미학적으로 꽤나 힘이 세다. 이빨이 '세다!'

가족사진

2019

32cm x 47cm

부모님과 나. 1969년에서 1970년으로 추정됨. 이 시절 패션이 참 멋있음. 어린 모델이 표정은 온순하나 남다른 다리 각도로 카메라에 어필하며 평범함을 거부하는 기질을 이 시절 이미 내비침.

아빠와 코끼리
2020
39cm x 54cm

아버지 1주기 기일 즈음에 그리움을 담아 그렸다. 누울 자리(죽을 자리)를 찾아서 뚜벅뚜벅 군소리 없이 걸어가는 크고 영민한 동물, 석양의 코끼리 씨와 내 아버지가 겹쳐 보인다. 젊은 아버지가 열여덟이나 열아홉쯤 된 큰 동생을 사랑스럽게 껴안고 있는 옛 사진은 우리 형제를 다시 울렸으니, 그림에 안 나온 막내 동생은 '아빠는 이때부터 탈모가 진행되었어!'라며 슬퍼하더군.

사자와 아버지 주민증
2019
39cm × 53cm

아버지 돌아가시고 1년은 정신을 못 차렸다. 슬픔에 절여진
배추 꼴이었다. 애도하는 마음으로 그림도 제법 그렸다. 내가
다 늦게 그림을 그려 대는 걸 알고 아빠가 "거 신기하다, 네가
그림을…" 하셨는데 나도 (그림 그리는) 내가 신기하고, 이렇게
슬플 줄 몰랐는데, 그것도 신기했다. 세상은 살수록 신비롭다.
뻔하다고 하는 자는 바보 멍충이.
사자 그리는 것을 좋아하는데 아주 불꽃같이 위엄 있게 제대로
그려 보았다. 《나니아 연대기》의 사자처럼. 아빠의 생애를
기념하고 싶었다.
필부의 생애였으나 사자의 영광을 드리고 싶었다. 사랑 많고
마음 약했던 아빠에게.
쓸모를 다한 주민증도 그려 보았다. 아빠의 생몰년과 그토록
사랑했던 고향 집의 주소를 적어 보고 싶어서였다.

류이치 사카모토
2020
54cm x 39cm

다큐멘터리 〈코다〉를 보고 나서 주인공 류이치 사카모토를 그렸다. 이 영화를 보고 세계적인 영화음악가 류이치 사카모토의 현재 진행형인 암 투병 사실을 알게 되었다. 안 그래도 서늘한 얼굴이 투명한 선으로만 그린 모습처럼 야위어 있었다. 다큐멘터리에서 그는 여전히 작곡을 하고 있었다. 항암치료 때문에 음악을 쉬다가 흥미롭게도 〈죽음에서 돌아온 자 : 레버넌트〉(리어나도 디캐프리오가 곰과 싸우는 그 영화!)로 재개했다. 아베 신조의 보안법에 반대하는 시위에 나서기도 한다. 세상사에 초연한 듯하면서 생명력이 넘치는 모순적인 아름다움이 깃든 얼굴. 자연의 좋은 부분을 닮은 얼굴.

배우자에게

배우자

이처럼 '이빨을 까는', 이빨을 중요시하는 인간인 나.

인간人間은 뭐다? 관계지.

선택한 관계 중에 가장 친밀하다고 할 배우자 이야기를 '배우자에게 배우자'며 이렇게 또 말장난으로 시작한다. 결혼생활은 장난이 아니건만.

인생의 축소판인 '하루'의 시작은 욕실에서. 당장 봐도 내 세면대 위에는 개봉한 치약이 세 개 놓여 있다.

소위 '덕용 포장'으로 판매되는, 싼 맛에 집어 온 '페리오치약', 치과에서 거금 들여 사 온 (하나에 만 원) 미백 치약인 '오스템 뷰센뉴 15'(비싸게 팔리면 이름이 길어야 해!), 그리고 그 이름만 들어도 든든한 '암앤해머Arm & Hammer' 베이킹소다 치약. 차례차례 다른 브랜드의 치약을 쓰는 것도 아니고 한 번에 세 개 정도는 꺼내 놓고 그때그때 기분 따라 쓴다. 양치질 하나도 지루한 것을 못 견뎌 내는 인간이 한 사람과 무려

28년을 살아왔다.

룸메이트 기한으로 따져도 우리 할머니를 2위로 밀어 내고 (부모님은 내가 기억하는 바로는 같이 잔 시절이 없음. 젖먹이 때는 엄마랑 잤겠지) 이 사람이 1위. 아이를 낳아 키우고 (섹슈얼리티의 배타성), 경제 공동체가 되는 (재산의 배타성) 일부일처 혼인이라는 유구한 계약. 이 계약의 형식이나 조항보다 더 중요한 것은 '일상'. 일상을 나누며 관계의 모양을 잡아 가고 일상의 습관이 두 사람의 강력한 일부가 된다는 점.

비단 혼인의 형식을 거치지 않더라도, 아이를 낳지 않더라도, 남녀가 아니더라도, 생물학적 관계가 아닌 사람과 맺는 관계가 이렇게 '강력하게 끈질기게' 지속되는 사이라면 더 하지도 덜하지도 않게 배우자 사이라고 할 것이다. 그러니 배우자가 있다면 그에게서 배우지 않을 도리가 있나.

생판 남과 살다 보면 우선은 단점이 보인다. 아주 자세하게. 몇 날 며칠에 거쳐 기쁜 마음으로 여러 페이지를 채울 수 있다. 장점도 마찬가지. 크게 내키지는 않지만 비슷한 양을 자세하게 기록하고 묘사할 수 있다. 내 남편도 그러할 것이다. 나만큼의 이빨을 보유하지 못했으므로 길게 쓸 수는 없겠지만, 명약관화하게 나라는 사람의 장단점을 간파하고 있다고 추정한다.

배우자는 간파하고 간파당한다(세부는 모를지라도!). 누구를 안다는 것은 대상의 객관화와 주관화가 적절히 이루어져야 가능하다. 안다고 하는 것을 사실 모를 수도 있다. 객관과 주관의 밸런스가 깨져 있을 때. 그러니 주관 덩어리 자신을 아는 일이 얼마나 어렵겠는가.

매일 보면서도 객관화와 거리두기가 조금은 쉬운 배우자를 알아 가는 것은 자신을 알아 가는 연습이 된다. 결국은 자신을 알아 가는 여정이라 할 인생에서(알자마자 종 치는 경우도 왕왕 있지만. 철들자 죽는다고). 혼자보다 두 사람이 살면 여러 가지 혜택이 있을 것이나 이렇게 자기 인식 훈련이 조금 더 용이하다는 점도 큰 혜택이라 생각한다.

내 경우는 남편이 네 살 많기에 '늙음 교실'의 선행학습이라는 점도 '뽀나스'로 작용한다. 저 혼잣말은 뭐지, 왜 안경은 썼다 벗었다 하는 거지, 왜 애한테 (엄마한테) 안 하던 짓을 하는 거야?, 산만하기 이를 데 없구먼, 자다가 깨네, 쓸데없는 참견을 하네, 했던 것들. 모든 불안의 심화와 섬세화의 징후가 고스란히 내게서도 재현되는 현상을 목도하는.

볼 만하다.

어느 정도 거리만 두면.

자기 자신의 모습도 그렇다.

지루함을 못 참는 자가 한 사람과 이리 오래 살다니!

실없는 소리를 지껄였지만 실은 별로 지루하지 않다. 한 사람과 산다고 단정할 수가 있나? 저 사람은 몇 해 전의 그 사람이 아니다. 하물며 수십 년 전 결혼할 때의 그 사람일 수가. 사람은 암앤해머 치약처럼 변함 없지가 않은 것이다. 든든하지도.

얼핏 거죽만 봐도 생판 다른데, 그런대로 새롭네, 볼 만하네. 이런 과정을 거쳐서 관계는 갱신되고 나는 배우자를, 그리고 나 자신을 수긍한다. 배우자는 각자의 인생을 살면서 함께, 많은 일들, 혼자라면 엄두 내기 힘들었을 일들을 조금 수월히 해 내고 그것을 다시 각자의 경험으로 오롯이 가진다.

불안한 서로를 목도하고 지켜 주며 짐을 덜어 주는 일. 멀쩡해졌을 때는 쪽팔리는 불안의 순간들을 모른 척 해 주는 것. 성생활과 재산상의 정절fidelity만큼, 어쩌면 그보다 더 중요한 배우자의 기능이며 의리라고 이 연사 외치고 싶어, 지면서 함께 떠오르는 단상.

나와 남편이 꽤나 차이가 나는 불안의 정도와 전개 양상을 지닌 것은, 물론 성차gender나 그 외의 자질구레, 허다한 요인이 있지만 직업의 안정성 여부에 크게 기대고 있다는 것을 수십 년 지내오면서 알았다. 결혼 후 그는 짧은 비정규직을 거쳐 주야장천 정규직으로, 나는 잠깐 정규직, 주로 비정규직, 간간이 백수로 존재했다. 다음에 나 뭐하지? 어떻게 하지? 누구랑 하지? 할 수 있다는 걸 어떻게 증명하지? 존재의 뿌리 자체가 의문형이다. '열심히' '잘'이라는 큰 가지 위에 무수히 가지를 치고 무성하게 새로 돋아나는 이파리 같은 질문들을 사시사철 키우고서 흔들며 살아왔다. 가지는 엉키고 살랑거리고 바람 잘 날은 드물었다.

한 사람이 일견 더 태평하고 의젓한 것은 그 사람 엄마가 더 잘 키워서라기보다 (그거 외에) 회사가 (학교가) 꼬박꼬박 월급을 주고 승진을 시켜 주었기 때문이라는 점. 그만두지 않고 맡은 일을 해 낼 수 있다는 자기 확신이 성격까지 만든다는 점, 이게 사회 전체로 보았을 때 어떤 양상의 그림이 된다는 걸 자영업자나 프리랜서 지옥이 된 코로나시대 이 나라에서 매일 보고 있다. 죄송하고 수치스럽다. 이 감정은 진실하지만 우습다. 정규직 우산 아래 피부양가족, 비정규직 여성인 나. 가부장제와 신자유주의의 저항자이면서 부역자라는 이중적인 신분이 평생의 분열감과 불안감에 한몫하고 있다(심정적으로 저항자이면서 현실적으로는 부역자).

남편은 대학에서 IT 전공을 가르친다. 결혼할 당시에는 어딘가의 계약직 연구원이었고 몇 해 후 대학교수가 된 후에는 아주 미동도 없이 그 학교에 붙박이로 버티고(?) 있다. 남편의 취미는 축구다. 하는 것도 보는 것도 좋아해서 꾸준하다. '부동의 골게터'라는 닉네임을 내심 즐기는 가운데 경기할 때는 골대 근처에 움직이지 않고 (그래서 부동!) 숨어 있다가 '저 선수가 어디서 나타났죠?'라는 단말마 코멘트와 함께 득점하는 것을 좋아한다. 가정에서도 부동의 위치, 소파 위에서 '와식' 생활을 하며 축구를 (최근에는 당구를 추가해서) 본다.

사회에서 차지한 위치, 가정에서 차지한 위치가 부동이다. 정규직은 참 힘이 세다. 고마운 일이다. 혹시나 해서 첨언하면, 가사노동과 육아에서 그가 완전히 '부동'은 아니라는 점은 밝혀야겠다. 빨래 널기와 걷기, (공휴일의) 설거지, 공과금 처리는 그의 몫이다. 신혼 초에 그리 정한 것을 암묵적으로 지키고 있는데 이제 와서 흐려지면 안 될 것이다!

아이들을 끌고 여행을 다닌 것이 큰 보람이라서 어지간히 말을 하고 다녔더니 '남편 덕에', '남편 따라' 어디를 다녀왔다는 말을 종종 듣는데, 그 말이 그렇게 듣기 싫더라. '덕분'이라니, '따라서'라니! 내가 이 여행을 성사시키기 위해,

자체 안식년을 선포하고 쉬기 위해 (퇴출되는 것이 아니라) 얼마나 노력했는데! 어디를 가고 어떻게 정착하고 무엇을 할까 얼마나 시뮬레이션을 했는데, 들을 때마다 발끈하는 심정이었다.

그럴 것도 없었는데.

내 노력을 간과해서가 아니라 그렇게 할 수 있는 처지를 부러워한 것이었을 텐데. 뭘 그리 '발끈'까지.

배우자의 사회적 지위가 자기 것이 아니라는 건 분명히 하고 넘어가야 마땅하지만 함께라서 수월했던 일에 대한 다행의 마음은 가지고 살며 가끔은 당사자에게 표현하는 것이 지혜인 것을(부동의 골게터는 들으라!).

원광대학교 캠퍼스의 신혼부부

2021

56cm × 42cm

거실의 부부
2021
38cm x 54cm

처음으로 아이들 없이 맞는 크리스마스 시즌. 우리 부부는 그저 각자 자리에서 편안하게 있을 뿐인데도 난파선의 부부 같은 느낌. 장난스럽게 그리다가 울적해져 버렸다.

로맨틱 사자 커플
2018
32cm × 47cm

인터뷰
- 한 여자를 이해해 가는 과정에 대하여

나이가 들면서 한탄스러운 일만 생기는 건 아니다. 달리기 출발선이나 뜀틀 앞에서처럼 특정한 사건을 앞둔 전조로서만 작용하던 불안이 들이쉬고 내쉬는 공기마냥 자연스러워진 덕분에 주의력이 상승했다. 불안해하는 한 사람의 마음을 이해하게 되었다. 웃고 있지만 미세하게 실룩이는 저 입꼬리와 눈가의 옅은 그늘이 보인다. 아주 희미한 사람, 매력도 능력도 없어서 그와 공간을 함께 점하고 있을 뿐 접점을 찾을 흥미가 전혀 동하지 않던 사람이 문득, 고유한 존재감을 가지고 그윽하게 살아난다. 그렇게 다시 만난다. 인생의 봄에 나는 꿈을 자주 꾸는 아이였다. 여름에 뜸해졌다가 가을이 깊어 가는 쉰 중반 이즈음에 다시, 실감 나게 깊은 꿈을 꾸는 중이다. 나이 들어 만성이 된 불면이 말할 수 없이 성가시기에, 어쩌다 깊은 잠의 끝에 딸려 온 (얕은 잠의 끝에 매달려 있는 자각몽이 아니라) 무심한 꿈, 꿈인지 모르고 꾸는 꿈은 퍽 달콤하다.

내 꿈은 현실을 쫓아오는 발걸음이 태평하고 느린 편이다. 시간으로는 40대 중반까지 왔으며 공간으로는 (십수 년 째 살고 있는) 목동까지는 입장하지 못하고 근방의 양평동이나 저 먼 남아공까지 따라왔다.

시공에 상관없이 무시로 마실 오는 분이 있는데, 돌아가신 지 25년이 지난 내 할머니 홍숙현 여사다. 이상하지, 나는 할머니랑 그다지 친하지도 않았는데. 심지어 돌아가셨을 때 그렇게 슬프지도 않았는데. 슬프기는커녕, 7년을 뇌졸증 후유증으로 몸도 정신도 감옥에 갇힌 수인 생활을 하셨던 터라 동료 인간으로서(?) 육신의 해방을 축하하는 마음이 더 컸다.

7년 내내 할머니는 가족이나 간병인의 도움으로 그야말로 겨우겨우 지내셨다. '풍을 맞은' 뒤 꼼짝없이 자리를 보존해야만 했던 1~2년이 지나고 어느 정도 회복된 후에도 너무 제한된, 얇고 위태로운 삶이라서 보기가 침울하고 민망했다. 또각또각 소리 내는 보행기를 짚고 아파트 거실을 맴돌거나 당신이 가족 누구보다 빠르게 눈 뜬 신새벽 아침부터 잠들 때까지 거실 소파에 앉아 하염없이 초점 잃은 눈으로 TV를 응시하며 보낸 말년이었다. 빈말로라도 복 많은 노년이라고 하기는 어려웠다.

쓰러지시기 전에는 어땠나. 스물여섯에 청상이 된 할머니가 젊은 시절에는 주위 공기를 바꾸는 서늘한 미인이었다는 소리를 주변에서 여러 번 들었지만 (본인은 한 번도 언급한 적이 없다. 진짜들은 그런 법) 한 번도 실감한 적은 없다. 뚱뚱하고 멀뚱한 할머니. 높은 베개를 베고 낮에도 누워 있는 할머니. 옆으로 누워 미동 없는 할머니의 뒷모습은 비대한 체구 때문에 어린 내 눈에 낮은 벽 같았다. 그 벽이 만들어 낸 그림자가 낮의 햇빛과 대조되어 밝은 실내에 어둡게 도드라져 있었다. 말 그대로 그늘을 달고 있는 분이었다.

소작 내어 준 논밭의 세경을 받으러 시골에 가거나 친목 곗방에 나들이 가실 때는 '뉴똥'(빛깔이 곱고 보드라우며 잘 구겨지지 않는 명주실로 짠 옷감) 한복을 떨쳐입거나 벨트까지 제대로 맨 맞춤복 원피스, 스타킹과 펌프스 슈즈를 고수했지만 집에 있을 때는 잠옷과 평상복의 구별도 없었다. 부엌 출입은 물론이고 걸레 한번 비틀어 짜는 모습을 본 기억이 없다.

무뚝뚝한 할머니가 드물게 생기를 띨 때는, 유일한 손위의 언니, 그러니까 이모할머니가 다니러 올 때뿐이었다. 날렵한 체구에 쪽진 머리, 발걸음이 재고 웃음도 햇살 같았던 이모할머니는 내 눈에도 우리 친할머니보다 '훠얼씬' 늙고 촌스러우셨지만 높은 목소리로 웃고 말하며 허리춤에서 주섬주섬 용돈을 꺼내 '옛다' 하고 주는 분이었다.

이모할머니가 오면 할머니는 누워 있지 않았다. 고대의 혼수품 싱거singer 재봉틀의 먼지를 털고 열어서 저고리 동정도 달고 이불 홑청을 뜯고 풀도 먹였다. 두 분이 함께 다듬이 방망이를 리드미컬하게 두드리기도 했다. 그 경쾌한 소리라니!

그래서 이모할머니를 보면 원래 할머니란 모름지기 저렇게 생기고 저렇게 구는 사람이라는 것을 실감했을 뿐이지 내 할머니가 어린 나를 예뻐한다거나 재롱을 기대한다거나 자랑스러워한다는 기미를 한 번도 느낀 적은 없다.

어린이다운 식탐을 보였을 때 간식거리를 숨겼다 주기보다는 "입이 욕하겠다" 한마디, 조금 커서 이런저런 말을 하면 "저, 저 달랑달랑 말대꾸" 이렇게 필요한 말만 간결하게 하는 타입. 쿨, 시크, 그 자체.

국민학교 6학년이 되어 이른바 '집장사 집', 새로 지은 양옥집 2층에 내 방이 따로 생길 때까지 할머니랑 같은 방을 썼으니 초기 사춘기 이전의 전 생애를 할머니와 한 방을 쓰며 붙어살았는데. 나는 눈에 넣어도 아프지 않다는 첫 손주였고 황씨 집안에 귀한 여자 아기, 딸이었는데. 나는 우리 집안에서 60년 만에 나온 여자아이였다. 할아버지의 누나, 고모할머니가 나와 띠가 같다. 동경 유학생이자, 독립운동가 할아버지를 둔 개화한 우리 집은 남녀차별 같은 건 없었다. 할머니는 내 남동생들에게도 똑같이 '쿨'하고 '시크'했다. 2층에 올라간 나는 당연히 할머니와 더욱 별 볼 일이 없어졌다. 한 지붕 아래 살고 한 식탁에서 밥을 먹으면서 내내 그랬다.

대학 3학년 때인가, 노인심리학 과목을 들었다. 시간을 맞추려다 얻어걸린 과목이었고 노인 심리 같은 것에는 관심이 없었지만 과제는 해야 했다. 60세 이상의 노인 한 분을 택해 생애에 관한 인터뷰를 하고 리포트를 쓰는 과제였다. 모르는 사람을 인터뷰해야 한다고 했지만 끊임없이 데모에 연애에 공사다망한 몸이라 어디 가서 노인을 따로 만날 수도 없고 (그때는 노인이 귀했다!) 할머니는 어차피 별로 대화를 나누어 보지 않은 사람이었으므로 '인터뷰어 85학번 불문학과 황윤경. 인터뷰이 1919년생, 69세 홍씨 할머니'로 적어 넣는 순간에 심경의 흔들림은 전혀 없었다(심경의 흔들림은 인터뷰를 하면서 왔다. 울화통이었다).

몇 가지 인적 사항을 체크하고 판에 박힌 질문 두어 개를 던진 후에 (궁금한 것도 별로 없었다. 나는 다 알고 있다고 생각했다) "인생에 제일 기뻤던 순간은 언제였나요?"라고 질문했을 때 작은 아빠가, 아니 그러니까 홍씨 할머니 차남이 서울 상대에 합격했을 때라는 즉답이 왔다. 그렇군요, 인생에 가장 슬펐던 순간은요? 여기에도 '쿨'하고 '시크'하게 즉답이 왔다. 작은 아빠가, 아니 차남이 폐결핵에 걸려 휴학했을 때.

큰아들의 딸, 큰손주인 내 입장에서 빈정상함과 동시에 할머니의 눈치 없음에 짜증이 밀려왔다. 이래서 인터뷰를 모르는 사람이랑 하라고 하는 거였구나! 홍씨 할머니는 연년생 두 아들을 두었고 작은아들이 서울 상대에 들어간 같은 해, 큰아들은 재수까지 해서 '겨우' 연대에 들어갔다. 두 아들은 동시에 폐결핵이라는 심각한 후진국형 질병에 걸렸고 (한 집 한 방에 살면서 거리두기를 안 했으니까) 절망한 홍할머니가 작은아들 병간호를 하는 사이 사회적 거리두기를 실천한 큰아들은 전라도 고창에 내려가 시골집을 지키던 배다른 할머니와 (즉, 나에게는 증조할머니. 아빠의 할아버지가 상처하여 재혼한 분) 지냈다. 동경 유학생 할아버지가 살아 있었을 때 돼지가죽 구두를 신고 돈암유치원을 다녔던 우리 아빠에게 시골은 종종 간 적이 있다 한들 서먹하고 불편한 곳이었을 것이다.

새 할머니는 독한 결핵약을 견디려면 개고기를 먹여야 한다고 주야장천 개고기를 삶아 댔다고 한다. 덕분에 아빠는 살아났고 나도 태어날 수 있었다. 고마우신 밀양 박씨 검바우 할머니 영면하시길.

참고로 우리 할머니는 풍산 홍씨 명문가의 막내딸이었고 처음부터 '도래(전남 나주 근처 할머니 친정)댁'이라는 늠름한 댁호가 있었으며, 그림 같이 앉아 있다가 서울로 분가해 간 새색시였다. 하지만 후처 시어머니는 가난한 집에서 시집와서 온갖 병수발이며 기울어 가는 집안의 대소사를 고향 집에서 감당한 일꾼이었다고 했다.

그러면 뭐 하나. 풍산 홍씨 만석꾼 친정은 일제와 전쟁을 거치며 노름꾼 후손 때문에 빈털터리가 되었고, 관옥 같은 동경 유학생 남편은 독립운동하다가 요절했으며, 그 양반 감옥에서 빼내 살리려고 고창 시댁의 전답은 크게 휘청. 그다음에 두 아들 가르치며 서울에서 사느라 거의 다 남의 손에 넘어갔다는데. 아들들이 나란히 중병에 걸렸을 때 홍 할머니의 심경이 어떠했을지 이제는 실감이 난다.

할머니의 우울은 가장 맹렬하게 무서운 불행이 들이닥친 젊은 시절이 아니라 (돌 지난 셋째 아기를 남편의 죽음 전에 잃었다는 이야기도 들었다. 할머니 본인에게서는 아니다. 다시 말하지만 우리는 안 친했다. 할머니는 스물셋에 막내 아기를, 스물여섯에 남편을 잃었다) 이제는 한숨 돌렸다 하던 인생의 가을 무렵에 찾아온 듯.

할머니가 인생에 제일 슬펐을 때라고 회고한 나이 때는 헤아려 보면 마흔 언저리였다. 불운의 기습, 청년이 된 아들들의 질병이라는 그 트라우마에 고착되었다, 라고 생각한다. 왜 작은 아빠인가. 그것도 지금 생각하면 다 이해가 가고 내가 새삼 빈정상할 일도 아니었다.

우리 아빠는 내내 같이 살았다. 작은아들은 혼인하여 집을 떠났다. '부재'했을 때 그 존재가 뚜렷하다는 걸 이제는 나도 안다. 작은아들은 집만 떠난 것이 아니라 나라를 떠났다. 해외 주재원으로 내내 외국을 떠돌았다. 1970년대와 1980년대 초반 대기업 현대조선 근로자는 말이 좋아 해외 근무지, 서울 상대를 나온 엘리트 사무직인 경우에도 가족도 동반하지 않고 단신으로 훌쩍, 한 번 나가면 5~6년씩 영국으로 쿠웨이트로 떠도는 '외노자'였다.

트라우마에 고착된 젊은 할머니는 (등락이 있었지만) 일종의 만성적 우울증을 앓으며 지냈고, 아무도 알아 주지 않는 그 병은 끈질기고 치명적이었으리라. 그늘을 달고 누워만 있던 내 어린 시절의 할머니는 지금의 내 나이, 50대 중반에 불과했었다. 표면적인 불만과 걱정은 눈앞에 없는 작은 아들을 늘 향했으리라.

69세의 홍 할머니는 대학생 손녀와 인터뷰를 할 때 실상 자신의 가장 기쁜 순간과 가장 슬픈 순간을 온전히 줄 세울 수 있는 능력도 표현력도 없었다.

자기의 언어, 말과 글이 없이 늙어 가는 중년 여자. 할머니가 긴 이야기를 하거나 뭔가를 읽고 있는 장면을 본 적이 없다. 유학 시절 할아버지가 도쿄에서 보낸, 원고지에 빼곡하게 세로로 글이 적힌 근사한 편지 여러 통은 할머니 방 빼닫이 서랍 안에 아무렇게나 들어 있었다. '사랑하는 홍 군. 잘 지내시는가'로 시작되는 아름다운 편지였다. 그 빼닫이 안에는 얌전한 할머니의 유일한 일탈이었던 '장미'나 '한산도' 담뱃갑도 있었다. 친지들의 친목계 장소였던 '삼우정' 한식당의 성냥갑과 늘 함께였다.

시아버지가 청상 며느리 기운을 북돋고자 직접 가르쳐 준 흡연 습관의 결과였다. 나는 대학생 때 가끔 할머니 담배를 훔쳐 피웠다. 우울증 걸린 할머니는 담뱃갑이 헐렁해지는 것도 알아차리지 못했다. 내가 기억하는 한, 중풍으로 쓰러지시기 전까지 할머니의 5~60대 전체, 그 인생의 가을

날은 뭉뚱그려져 그저 흐릿하고 조용했다.

인터뷰 2년 후 할머니는 풍을 맞았고 7년 후 돌아가셨다. 홍은동 미성아파트 5동 603호 거실에는 '할머니 자리'가 있다. 당신 방에도 텔레비전이 있었지만 할머니는 보행기에 의지해서나마 이동하실 수 있었던 순간부터 무조건 거실에 좌정하고 있었다.

어눌해졌을 때 할머니는 자주, 난처하면 웃었다. 웃지 않던 할머니가. 전에 없던 일이었다. 그러다 보니 그렇지 않은 사람도 난처해졌다. 할머니는 집안 모든 일의 빈틈없는 목격자였고 나가면 나가냐 들어오면 들어왔냐 묻는 사람이었다. 거실은 온 가족이 모이거나 스쳐 가는 장소니까. 누가 말씨름을 벌이거나 슬쩍 넘어가고 싶은 실수를 했을 때도 할머니는 웃었다. 할머니가 끼어든 대부분의 순간이 난 난처했다.

건강했던 시간의 대부분을 문을 닫아걸고 누워 있던 할머니가 거실에 앉아 일일이 식구들과 방문객을 맞았다. 소 닭 보듯 했던 당신의 며느리와 적극적으로 화해하고 생전 안 가던 교회도 갔다. 말은 어눌하고 부축을 받아야만 걸을 수 있었지만 표정은 밝아졌다. '풍을 맞으면 그것이 다른 잔병을 먹어 치운다'는 민간의 속설은 내 할머니의 경우 어느 정도 맞았다. 죽을 때까지 다른 병은 몰아낸다더니 그놈이 냉담과 우울을 몰아 낸 것은 확실하다. 여기 증거도 있다. 와병 이후 화장실 출입도 곤란하던 첫 한두 해에는 집에 간병인이 상주했었다. 길림성 아주머니와 흑산도 아줌마. 간병인들에게 할머니는 예전의 쌀쌀맞은 캐릭터가 아니었다. 흑산도 아주머니가 어느 날 내게 전해 준 일화. 해녀 출신으로 힘이 좋아 할머니를 번쩍번쩍 들어 옮기던 아줌마에게는 못지않게 힘이 좋고 돈은 못 버는 (버는 족족 노름에 써 버려) 흑산도 어부 남편이 있는데 아줌마가 우리 집에 온 지 한 달 만인가, 남편과 몇 시간 보고 온다고 외출 허락을 받으셨다. 유진상가 어디 다방에 간다고 나서는데 할머니가 거금 몇만 원을 손에 쥐어 주며 여관에서 놀고 오라고 격려(?)하더란다.

으아아, 나는 경악했다. 경악은 아닌가? 할머니 어디에 그런 눈치코치, 타인을 향한 배려심이 있었던가. 정말 사람 변했구나. 그래서 여관에서 잘 놀고 왔나 아닌가 그런 것까지는 물어보지 않았다. (할머니 시중에 매이지 않으려면) 새침하고 바쁜 척 계속 연기해야 했으니까 그랬겠지.

거실의 '할머니 자리'에서 무력하지만 온화한 파수꾼 역할을 오래 자임했던 할머니. 내가 결혼해 집을 나오기 직전의 몇 해, 친정집의 기억은 모두 또각거리는 보행기, 밤낮이 없이 틀어져 있는 TV 소음이 한결같은 배경음이다. 할머니는 누구보다 자주 꿈에 나오지만 그때마다 나는 슬프지도 기쁘지도 않았고, 그저 나의 무의식에 할머니의 죽음이 도달하지 않았는가 여겼다. 유독 왜 그리 걸음이 느린지는 깨닫지 못한 채로.

최근에야 퍼뜩 답을 찾았다. 함께 보낸 시간의 양, 그리고 몸의 기억! 말로 기억을 저장하는 한, 나의 의식은 할머니와 관련된 추억이 별로 없고 따라서 작별의 감정도 덤덤했지만 우리는 말로 길어 올리기 전후의 무수한 밤과 낮을 함께 했던 것이다. 특히나 밤을.

서너 살 내가 자다가 문득 깨어 보면 캄캄한 방안에 할머니가 웅크려 앉아서 만들어 낸 담배 불꽃이 아주 작게, 빨갛게 명멸했고 구수하게 풍겨오는 사람의 기척에 안심하여 다시 잠들었었지. 대여섯 살 내가 성장통에 아파 깨어서 '다리 아파요' 엉엉 울면 할머니는 언제까지고 다시 잠들 때까지 내 다리를 주물러 주었다. 그 깊고 길었던 밤들, 무의식의 기억이 나의 불안을 오래 다독거려 주었던 것이다. 생전 할머니의 많은 부분을 차지했던 우울이 언어로, 기억으로 친밀한 관계를 형성하지 못하게 방해했으나 함께 보낸 긴 시간과 손길이 두꺼운 이불처럼 나를 덮어 그 후로도 오랫동안 편안한 잠을 자게 했다지.

꿈은 다채롭고 복잡한 세계다. 거기서 나는 어리기도 하고, 젊기도 하고, 하늘을 날며 타인의 마음을 바로 읽을 수도 있다. 죽음과 삶의 경계도 없다. 그렇게 꿈의 감각을 내내 지니고 살아도 괜찮겠다고, 가을날의 나, 중년의 내가 새삼 느끼면서 비로소 할머니에게 제대로 인사한다.

잠시 안녕, 다시 만나요, 할머니.

굿 바이 포 나우Good Bye for Now. 나의 룸메이트!

눈물
2019
22cm x 31cm

성당 고양이
2020
45cm × 60cm

주임 신부님이 거두어 키우는 오드 아이 고양이,

그 이름 캐시cathy.

아주 오래된 흑백사진 속 내 할머니 홍숙현1919~1995,

아버지 황병룡1937~2019

덜 오래된 컬러사진 속 남편 김모 씨1962~, 큰아들

김모 군 1996~, 60대 초로의 아버지.

2020년 겨울, 목동 집 근처 거리를 지나가는 모르는 여자 두

명(빨간 파카는 나이 들었고 감색 코트는 젊다). 그 외에 여러 가지를

그렸다. 이게 도대체 무슨 시절이고 시간은 얼마나 덧없으며

동시에 또렷한가. 정처 없는 마음이 정처 없는 세월의 배에

실려 간다.

우정에 대하여

꼬박 2년 넘게 코로나 시대를 겪으며 사회 전체가 늙어 버린 것 같다는 생각이 든다. 불안이 만들어 낸 과다한 조심성을 특징으로 하는 늙음. 서로에게 말한다. 서글프게 자조적으로. 우리 조심해, 그러니 만나지 말자, 너는 거기, 나는 여기, 무사하면 된 거야, 인생은 어차피 외로운 거야.
젊은이들 말투로 '롱디는 어렵다'고 한다. 멀리 떨어져 살면 연애가 깨진다는 말이다. 우정도 그렇다. 뭘 같이 해야 서로를 알아 가고 훗날 이야기할 경험을 공유할 텐데. 따로따로 자기 이야기를 하고 예의 바르게 경청하는 태도가 새로운 우정을 잉태할 수 있을까? 과거의 우정을 갱신할 수 있을까?
1주일에 서너 번 이상 만나는 사이지만 요가원에 새로 온 선생님 얼굴을 모른다. 목소리만 안다. 지난 2년 사이 초등학교에 입학한 꼬마들은 줌 수업을 했으니 얼굴은 겨우 알

테지.

어서어서 이 시절이 가고 예전처럼 살기를 바라지만 현명한 사람들은 이제 (우리의 젊음처럼) 그 시절은 영영 갔으며 돌아오지 않을 거라고 경고한다.

나 같은 중년 여자들은 마스크를 쓰니 화장도 안하고 주름진 얼굴도 가려 편하다며 앞으로도 마스크 쓰고 살겠다고, 마스크 벗은 남의 얼굴은 모니터 안의, 예쁘고 우스운 모습만 보겠다고 공언하기도 한다. 그래, '예전처럼'은 안 될 거야.

그러나 친밀함과 우정의 영역에서 얼굴을 직접 보고 손을 잡고 침도 튀어 가며 수다를 떨고 말과는 다른 이야기를 전하는 눈빛으로 속내를 짐작하는 일을 무엇이 대신할까. 함께 술 마시며 비틀거리고 등짝을 스매싱하고 크게 웃거나 눈물을 닦아 주고, 이 중의 일부를 결합하거나 일부만 생략하고, 그러지 않으면서 조용히 깊어 가는 우정에 관한 상상력을 나는 아직 발휘할 수가 없다. 이 불안한 시대가 새로운 상상력을 늙어 가는 나에게도 꽃피워 줄까, 모르겠다.

친구는 새로운 세계를 보여주는 사람이다. 나는 지금 한 사람을 생각하고 있다.

때는 여름 저녁, 장소는 강서구 공항동에 위치한 슬래브 2층집 편편한 옥상이다. 장미색 노을이 점차 먹빛으로 물들어 가는 시간, 우리는 등나무 그늘 아래 평상에 모여 앉아 있다.

부모님과 함께 사는 집에 우리를 초대한 친구는 손님맞이 음식으로 월남쌈을 준비했다. 오래된 친구 사이인 그날의 손님들은 모두 이 친구가 해 준 월남쌈을 한 번씩은 먹어 보았다. 일정한 길이로 줄맞추어 놓여 있는 가느다란 노란색 지단과 연두색 오이, 분홍색 햄, 갈색 쇠고기, 양파채와 빠질 수 없는 고수. 월남쌈은 지금이야 흔하지만 그 때는 다른 데서 맛볼 수 없었던 음식이었다.

이 친구가 몇 해 전 베트남을 다녀왔는데 (당시 국교가 수립되어 있지 않던 베트남에 가서 다큐멘터리 제작 일을 도왔다) 이 음식을 배워 와 기회 될 때마다 종종 동료들을 먹이곤 했다. 친구는 말이 별로 없는 사람이다. 서른 몇 살이고, 투박한 뿔테 안경 뒤의 눈은 무심하고, 어릴 때 기계체조 선수를 해서 그런지 통통하지만 몸놀림은 재다. 손길이 얼마나 섬세한지 월남쌈을 위한 채소들을 채 썰어 놓은 것만 보아도 단박에 알 수 있다. 먹고 먹고 웃고 웃고 마시고 또 마시고 이야기하고 또 이야기했다. 우리들이 만들고 있는, 앞으로 만들 영화에 관해.

덕택에 월남쌈을 처음 먹어 본 것처럼 나는 이 친구와 참으로 많은 '처음'을 같이 했는데, 북한산 능선을 오르내리며 나누었던 그 많은 이야기들의 대부분을 지금은 기억할 수 없다. 함께 산을 올랐고, 함께 무수히 술을 마셨고, 무수히 시나리오 회의를 했고, 영화를 찍었다. 프리 프로덕션에만 꼬박 4년을 투자한 영화였다.

하지만 영화를 반쯤 찍다가 멈추어야 했다. 촬영 재개를 위해 2년 넘게 분투했으나 그것으로 끝이었다. 상처가 깊었다. 일이 그렇게 되자 프로듀서와 감독은 이혼한 부부처럼 서먹해졌다. 함께 키울 아이(영화)도 없어진 마당에 안 좋은 기억을 되살리는 관계를 지속하기란 어려운 일이어서.

친구로 살았던 기억이 길다고 해도 마찬가지. 상처는 그 친구 쪽이 더 깊었지 싶다. 나쁜 병을 얻어 몸이 상했으니. 우정에 대해, 등나무 꽃그늘 아래 월남쌈을 나누어 먹던 여름 저녁을 이야기하려던 것이었다. 그 저녁으로 우정을 기념하고 싶었는데 등나무 줄기와 뿌리만큼, 끈질긴 여름 저녁의 마지막 햇빛만큼 길게 이어지는 상념과 나머지 이야기들을 늘어놓기가 성가시기만 하다.

헤어진(?) 이후에도 우리는 고비마다 가끔 만났고 소식을 전했고 별별 것 다하는 와중에 친구는 소원하던 대로 스타 배우와 흥행작도 만들었다. 지금 생각하면 꿈만 같지만 분단 이후 최초로 금강산에 가서 촬영한 〈간 큰 가족〉이 그 영화다. 친구는 각별히 공들인 영화로 실향민 아버지에게 효도했으나 2011년에 대장암으로 사망해 어쩌지 못할 불효자가 되었다. 조명남 감독1964~2010의 영면을 빈다.

우정이 탄생하고 스러지는 것은 이다지 특별하고도 진부하다. 우리 각자의 인생처럼. 하지만 분명히 말할 수 있는 한 가지는 (모두의) 인생에서 우정이 없었다면 지금의 이 삶은 없다는 것이다. 봉긋하게 솟았다가 가라앉아 지하로 내려갔든, 화석이 되었든, 바람에 흩어졌든 관계가 우리를 만들었다. 함께 불안을 살아 낸 전우여, 기억하고 기억하지 못하는 그대들에게 감사한다.

한편 우정으로 만들어진 '내'가 정작 소홀하지 말아야 할 대상은 자기 자신이 아닌가 싶다. 긴 불안 끝에 인생은 외로운 거야, 깨닫고, 역시 살아볼수록 퍽이나 외롭구먼, 하고 죽을 건가. 친구는 새로운 세계를 보여 주며 서로를 돌봐 주는 관계라고 하는데, 뭘 알아야 돌봐 주지. 그나마 경험과 감정의 궤적을 제일 잘 알고 있는 '나'를, 마치 친한 친구처럼 적당한 거리에서 유난 떨지 않고 돌봐 주는 것이 이 외로운 세상에서 우정을 보존하는 길이라 여긴다.

'우정 보유자'로서 자신을 보존하는 것이 우정의 역사를 이어 가는 첫 걸음이다. (나처럼) 생래적인 불안이 깊은 사람은 그때그때 한둘의 친밀한 관계에 의존하고 깊이 영향 받으며 상대가 '사람이 달라졌다' 여겨지면 우정이 옅어지고 사라진다고 초조해한다.

그럴 것 없다. 우정은 행동의 인과관계가 아니라 아름다운 우연이니까. 그때의 내가 지금의 내가 아니듯 그 사람은 내가 알던 사람이 아니지만 충분하다. 새로운 내가 새로운 그 사람을 만날 기대로 걸어가고 있는 한. 그리고 기대가 있을 때 불안은 숙명이다.

크로아티아 영감님
2019
39cm × 54cm

크로아티아 소도시에 거주하는 페친 허환 선생님이 종종 올려주는 이웃 영감님 모습. 오마 샤리프 닮은 콧수염, 사시사철 운동복 패션, 낮술, 염소, 다 정겹고 '싸나이'다.

본주르 안녕
2020
46cm x 62cm

무슨 바람이 불어서 시 읽기 모임에 나가게 되었다. '다락방의
미친 여자들'이라는 이름으로 여성 시인들의 시를 골라 읽는
모임. 매주 수요일 오전에 연남동에 있는 '본주르'라는 이름의
멋진 카페에서 씩씩하고 사려 깊은 여자들을 떼거리로 만나는
일은, 같은 책을 읽고 열기 띤 토론을 벌이는 일은, 오래 잊고
있었던 삶의 감각을 되살려 주어서 이제와 생각하니 참
좋았다. 시도 좋고 책도 좋지만 '규칙성', 일정한 사람'들'을
일정한 시간에 만난다는 규칙성이, 일정한 기대감이 좋았다.
'이제와 생각하니'라는 말은 이제는 없어졌다는 말. 코로나의
시절이 찾아오고도 한참이 지난 지금 카페는 문을 닫고 모임은
흩어졌다. 그림은, 시즌제로 운영되던 북클럽이 종강(?)하던 날.
'잠시만 안녕!' 하며 손을 흔들고 있는 모습을 그린 거다.
그 순간에는 '잠시'인 줄만 알았지. 카페가 건물 2층에 있어서
모임을 파하고 일부는 아래, 거리로 내려오고 일부는 아직
건물 외부 철제 계단에 남아 있던 중이다.
사진가는 계단 위에서 나를 포함한 거리의 언니들을 찍었다.
모임은 (희망하건대 '잠시') 사라졌어도 우정은 남았으니,
이 모습을 사진으로 남겨 준 사진작가 빅 HJ가 (모임에는 리틀
에이치 제이도 있다) 이 책의 그림 사진들을 찍어 주었다.
무리지어 피어난 붉은 덩굴장미와 흩어진 글자의 조합으로 참
생기 있었던 '미친 언니들'과의 추억이 살아났는지 모르겠다.

베스트 프렌즈Best Friends
2016
23cm × 32cm

LA의 섈리
2018
28cm x 40cm

아는 사람 자식은 예쁘게 그려야 한다. 아는 사람 본인은 좀 진실하게(?) 그리더라도. 섈리는 내가 처음으로 친해진 아프리칸-아메리칸 페친, 스탠Stanley 아저씨 딸이니까. 스탠 아저씨는 페이스북에서 알게 된 후 (초창기에, 둘 다 SNS에 순진했을 때) 개발새발인 내 그림을 정말 많이 격려해 주고 LA까지 찾아가 만났을 때 완전 친절하게 운전도 해 주고 선물도 왕창 주고 그랬으니까 예쁘게 그려야 한다. 다행히 섈리는 실제로 예쁜 아가씨. 양심을 거스르지 않고도 밝게 예쁘게 그려졌다.

캐리비언 걸
2018
89cm x 76cm

이 그림은 사실 상수동의 술집Bar '세번 째' 술장에 붙어 있는 문짝에 그린 것이다. 페이스북에 열심히 올려 대는 내 그림을 기특히 보신 학교 선배 겸 술집 주인, 위대한 명렬 형님의 의뢰로 그렸다. "너의 예술은 이 찬장화(미켈란젤로의 '천정화'에 빗댄 재치 있는 형님의 비유)를 기점으로 달라질 것이다!"라며 맡겨 주신 덕에 처음으로 큰 사이즈의 그림들을 마음껏 그렸다(문짝이 여덟 개!).
개업을 준비하는 2018년의 뜨거운 여름날, 긴긴 낮과 밤에 아주 재미있게 열심히 마구잡이로. 어두운 술집 조명에서도 그림 속 여인의 눈과 입술, 승천하는 듯 강렬한 빛깔의 터번은 빛을 발했었다(슬프게도 과거형, 술집은 지금은 문을 닫았다).
좀스럽게 굴지 말고 비상하라고 (술을 많이 마시라며) 권유하는 카리브의 언니와 백조를 크게 그리고 〈내셔널 지오그래픽〉에서 오려 낸 사진들을 콜라주로 붙였다(사진을 오려 붙인 것은 이 그림이 유일하다). 박해 받는 처지를 뚫고 비상하는 이들(동물들)인데 공교롭게 위쪽에 박쥐가 있다. 박쥐, 너는 너무 비상했어. 흐흐흑.

선인장과 누워 있는 여인
2018
76cm × 76cm

이것도 찬장화. 술집 찬장 문짝에 그린 그림이다. 싱글몰트 위스키가 위풍당당하게 조명을 받고 있는 선반 아래 노곤히 누워 있던 사막의 여자, 선인장, 자동차. 풍경이 노곤한데 무슨 일이 일어날 것 같은 긴장감이 슬며시. 한 잔 한 잔 마실수록 여자가 살아나 보일 것 같다. 몸을 일으켜 정면으로 고개를 천천히 돌리고 흘러내린 어깨끈을 추스르며 미소 지을 것 같은. 무서운가? 그런 여자 아닌데.

백억종의 키스
2016
22cm × 28cm

백억종. 1976년 9월 22일 출생 2016년 8월 11일 사망. 부산에서 나고 자람. 노부모님에게 효자이며 성실한 회사원, 클래식 음악애호가, 아마추어 사진가. 터키, 스페인 등 여행지와 출장지마다, 그리고 부산의 풍경을 아름다운 사진으로 다수 남겼다. 미혼. 백억종 씨와 뜻밖에(?) 친해진 나와 사촌동생 부경이 두 아줌마는 유난히 아름답게 찍힌 억종 씨의 뽀뽀사진을 보며 소개팅을 시켜 주어야겠다고 꽤 적극적인 작당을 하기도 했었다. 오래 기억하는 방편으로 그가 남긴 작품 중 제일 좋아하는 사진을 그렸다. 심장마비로 세상을 떠났다는 소식을 들은 직후, 비통한 심정으로 미국에서 그렸다.

epilogue

> 물은 어느새
> 포도주로 변해
> 있었다

신의 아들이며 동시에 인간의 아들인 예수를 사랑한다. 멋있어서 좋아하고 인간적이라 닮고 싶다. 내게 이 마음이 있어서 다행이다. 왜 못 믿는 거냐고 윽박지르지 않는다. 그건 예수 스타일이 아닌 것 같다.

나는 은총의 기적이 믿어지기에 감사히 믿는데, 그저 인생의 귀감으로 삼을 뿐이라면 신앙은 아닌 것이다. 그래서 '기적' 에피소드는 내 믿음의 대상이 신神이라는 라이선스를 취득하기 위한 필수 코스라고 할까. 그 뿐이다. 시시비비를 따지지 않는다.

내가 좋아하는 기적 이야기는 '리포터 존'의 뉴스, 챕터 투에 등장한다(요한복음 2장 1절~11절. 가나의 혼인 잔치 사건). 예수는 생애 대부분, 기적의 '기'자도 꺼내 들지 않았다. 그러다가 나이 서른이 되고서야 처음으로 선보인 기적이 '엄마의 부탁'으로 마지못해 한 것이라는 점이 우선 마음에 들고, 그 내용이 물을 포도주로 바꾼 것이라는 점도 황홀하다.

마리아는 처음부터 자기 아들이 특별하다는 것을 알았다(고 기록되어 있다). 그런데 이 아들은 마치 머리는 좋은데 성적표는 그다지 별로인 학생처럼 한 번도 그의 신성神性을 행동으로 입증한 적이 없는 아이이고, 그 아이 그대로 성인이 되었으며, 당시의 혼인적령기(?)를 훌쩍 넘긴 나이에 남의 결혼 잔치에 엄마와 함께 갔다는 것이다. 함께 갔는지 따로 갔는지는 모르지만, 아무튼.

파티가 무르익고 있을 때 와인이 다 떨어졌다. '럴수럴수이럴수가!' 어머니는 아들에게 가서 술이 떨어졌다고 말했다. 마더 메리는 나처럼 애매하게 마시는 것을 싫어하는 성격이었나보다. 과연 예수는 캐릭터대로 "어머니, 그것이 나하고 무슨 상관이 있다고 그러십니까?"라고 말했을 뿐이다. 말은 거기까지였다.

그런데 마리아가 (주최 측) 사람들에게 "무슨 일이든 그가 시키는 대로 하라"고 해 버린 것이다. 아무래도 좀 취하셨던 것 같다. 그러고 나서 벌어진 사건은 간단히 기록으로 남아 있다. "물은 어느새 포도주로 변해 있었다."

놀라 자빠질 기적이랄 것도, 요란한 뒷이야기도 없다. 사람들은 뒤에 나온 술이 앞의 것보다 훨씬 좋다며 감탄했고, 잔치는 흥을 잃지 않고 이어졌다. 파티는 결국은 끝났을 것이며 취한 사람들은 집으로 돌아갔을 것이다. 그렇게 마시고 무사히 귀가한 것을 혹시 기적이라고 했을지는 모르겠다.

흥은 깨지지 말아야 하고 쇼는 계속 되어야 한다. 쇼 머스트 고 온Show Must Go On!이 첫 번째 기적의 '스피릿Spirit'이었다는 점이 나는 참 좋다. 마리아도 나도 '물을 포도주로 변하게 해 주세요'라고 간청한 적이 없다. 예수가 기적을 행하는 동안 영차 영차 응원한 적도 없다. 그 일은 그냥 일어났다. 술이 없어 곤란하다고 말했을 뿐인데.

인생에는 잔치도 있고 싸움도 있다. 그 사이의 어중간한 장소에서 우리는 자주 막막하다. 지금도 그렇다. 뭔가 아름답고 그럴듯한 말로 글을 맺고 싶지만 그런 기적은 내게 일어나지 않는다. 다만 '어느새 물은 포도주로 변해 있었다'는 오래된 책의 한 구절을 인용하면서 닫는다.

포도주는 아주 좋은 것이다. 함께 마셔도 좋고 혼자 마셔도 좋은 것. 기적은 단순하고, 넘겨짚을 수가 없으며, 언제가 그 순간이 될지 모르는 것.
읽어 주셔서 고맙습니다.
언제 한잔해요.

Walk like a Queen
2019
39cm x 54cm

여왕처럼 걷고, Walk like a Queen

히피처럼 사랑하고, Love like a hippie

뱃사람처럼 말하고, Speak like a sailor

집시처럼 여행하고, Travel like a gypsy

전사처럼 일하라! Work like a warrior

그러면 참 좋겠지요 잉, 멋지고!

뽀로통한, 모자 쓴 소녀	꽃밭의 푸른 소녀
2019	2019
32cm × 48cm	32cm × 48cm

이 그림 좋아한다. 내 어린 모습 같아서. 하고 싶은 이야기가 더 있지만 그림마다 줄줄줄 사연을 풀어 놓을 거면 뭐 하러 그리고 있나. 이야기는 그리는 사람의 마음에, 보는 사람의 눈길에.

해변에서
2020
39cm × 52cm

"I AM pieces of all the place I have been and the people I loved."
나는 내가 갔던 모든 장소들과 사랑했던 사람들의 잔해다."
정말 그렇다.

조지아 오키프를 모티브로 한 대지의 여신
2017
30cm x 40cm

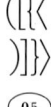

불안해서 그립니다

1판 1쇄 펴낸날 2022년 4월 20일

Copyright ⓒ 2022 황윤경

글·그림 황윤경
펴낸이 전은정
펴낸곳 목수책방
출판신고 제25100-2013-000021호
대표전화 070 8151 4255
팩시밀리 0303 3440 7277
이메일 moonlittree@naver.com
블로그 post.naver.com/moonlittree
페이스북 moksubooks
인스타그램 moksubooks
디자인 studio fttg
그림 사진 조희진
제작 야진북스

이 책은 저자 황윤경과
목수책방의 독점 계약에 의해
출간되었으므로 이 책에 실린
내용의 무단 전재와 무단 복제,
광전자 매체 수록을 금합니다.

ISBN 979-11-88806-20-1 세트
ISBN 979-11-88806-32-4 (04810)

가격 18,000원